quando chegar minha hora

Reflexões sobre a ideia da vida após a morte

SEBASTIAN JUNGER

quando chegar minha hora

Reflexões sobre a ideia da vida após a morte

Tradução de Tiago Lyra

Título original
IN MY TIME OF DYING
How I Came Face-to-Face with
the Idea of an Afterlife

Copyright © 2024 *by* Sebastian Junger

Nenhuma parte desta obra pode ser reproduzida ou transmitida por meio eletrônico, mecânico, fotocópia, ou sob qualquer outra forma sem a prévia autorização do editor.

Direitos para a língua portuguesa reservados
com exclusividade para o Brasil à
EDITORA ROCCO LTDA.
Rua Evaristo da Veiga, 65 – 11º andar
Passeio Corporate – Torre 1
20031-040 – Rio de Janeiro – RJ
Tel.: (21) 3525-2000 – Fax: (21) 3525-2001
rocco@rocco.com.br|www.rocco.com.br

Printed in Brazil/Impresso no Brasil

Preparação de originais
ROBERTA VILAS BOAS

CIP-BRASIL. CATALOGAÇÃO NA PUBLICAÇÃO
SINDICATO NACIONAL DOS EDITORES DE LIVROS, RJ

J92q

Junger, Sebastian
Quando chegar minha hora : reflexões sobre a ideia da vida após a morte / Sebastian Junger ; tradução Tiago Lyra. - 1. ed. - Rio de Janeiro : Rocco, 2025.

Tradução de: In my time of dying how i came face-to-face with the idea of an afterlife
ISBN 978-65-5532-557-7
ISBN 978-65-5595-362-6 (recurso eletrônico)

1. Junger, Sebastian. 2. Homens - Biografia. 3. Superação. 4. Experiências de quase-morte. I. Lyra, Tiago. II. Título.

25-97893.0   CDD: 920.71
                  CDU: 929-055.1

Gabriela Faray Ferreira Lopes - Bibliotecária - CRB-7/6643

*Este livro é dedicado aos meus queridos amigos
John Falk e Tim Hetherington,
que partiram cedo demais.*

Sumário

Prólogo: Estávamos esperando por você   9

O QUE   23
SE   93

Nota do autor sobre doação de sangue   165
Agradecimentos   167
Fontes   169

PRÓLOGO

Estávamos esperando por você

Eu usava quilhas triplas Al Merrick e um traje de mergulho novo, de 5 milímetros de espessura, e estava agachado na praia encerando minha prancha e observando as fortes ondas de janeiro quebrarem na arrebentação externa. A areia estava endurecida por causa do gelo e coberta de dejetos trazidos pela tempestade — armadilhas para lagostas, ripas de madeira, boias, redes, peixes mortos e a vegetação que havia sido arrancada das dunas pela maré durante a tempestade. A temperatura estava em torno de -6°C; um sistema de alta pressão havia limpado as nuvens do céu e trazido um vento firme do noroeste, que mantinha as cristas das ondas bem definidas e as desfazia suavemente antes de elas avançarem. As ondas estavam bem acima da altura da cabeça, nada que eu não tivesse surfado antes, mas no verão; eu não tinha ideia de que as ondas no inverno quebravam de forma tão diferente. No entanto, havia indícios: a areia do fundo estava sendo tragada pelas paredes das ondas, que eram tingidas por um bege turvo, e o ar aprisionado rompia as paredes traseiras das ondas conforme elas iam quebrando. Era o final da manhã de um dia de semana em meados de janeiro, e eu era a única pessoa na praia. Eu me levantei, pus a prancha debaixo do braço e entrei na água.

Usava botas de neoprene e um capuz de mergulho, mas a água estava estranhamente pesada; até as ondas menores pareciam fortes. Uma tempestade havia passado ao largo da costa no dia anterior, mandando ondas enormes e perfeitas, que quebravam com tanta força que deixavam um rastro de espuma quase até a onda seguinte chegar. Esperei uma série passar pela arrebentação e segui remando na direção do horizonte, na esperança de sair dali antes das próximas ondas. Eu estava em águas profundas entre as arrebentações, mas as grandes séries bloqueavam tudo.

Consegui passar e me sentei na prancha de frente para o sol, sentindo o oceano fluir e se agitar abaixo de mim. A praia estava deserta, arrasada pelas tempestades de inverno, e parecia muito distante. Tentei algumas vezes remar em direção às ondas, mas elas se elevavam e se tornavam côncavas de forma tão rápida que eu sempre desistia, com o coração acelerado. Eu não sabia que as barreiras são mais íngremes no inverno, o que faz com que as ondas avancem com mais violência, nem que a água fria é mais densa e quebra com mais força. O resultado é que, no inverno, as ondas são muito mais potentes e perigosas do que as do mesmo tamanho no verão. E não é possível prender a respiração por muito tempo na água fria — vinte segundos, talvez trinta. A única maneira de evitar a força de uma onda quebrando é largar a prancha e mergulhar fundo, mas, dependendo da temperatura da água, talvez você não consiga prender a respiração por tempo suficiente para que a turbulência passe. Eu tinha 30 anos, surfava naquele local desde os 8 anos e nunca passou pela minha cabeça que eu poderia morrer ali.

Estava no mar há meia hora quando vi uma onda enorme começando a se formar além da barreira. Ela escurecia conforme se aproximava, avançando com a lenta determinação de algo projetado para matar. Outros picos se alinhavam atrás dela, como fileiras de um exército avançando. Se daquela distância as ondas estavam começando a crescer, elas deviam ser verdadeiros monstros, e eu não sabia se deveria remar como um louco para tentar ultrapassá-las antes que quebrassem ou se deveria ficar parado e aguentar a surra. Parei de remar e me sentei na prancha para me acalmar antes da chegada. A onda principal veio, elevando-se, chegando mais perto até finalmente explodir bem na minha frente — o pior lugar possível. Eu estava fora do alcance de qualquer intervenção humana. Prendi o fôlego, me joguei da prancha e mergulhei fundo.

A força foi tão chocante que me peguei pensando: *Deve haver algum engano*. A trela da prancha se rompeu de imediato. Os vórtices me levantaram, mudaram de ideia, me afundaram, me fizeram dar cambalhotas, arrancaram meu capuz, encheram minha roupa de mergulho de areia e me castigaram com verdadeira crueldade. Eu não tinha ideia de qual era o caminho para cima, o que foi um problema, pois fiquei sem ar quase instantaneamente. Em geral, as ondas grandes se dissipam em poucos segundos, mas aquela era diferente — ela não terminava.

A onda me queria e continuaria a me agitar na escuridão até que eu por fim desistisse e engolisse água.

O que me surpreendeu foi o quanto aquilo parecia perverso — *Eu? Por que você me quer?* Eu era jovem e não tinha ideia de que o mundo matava gente de forma tão casual. Curiosamente, lembrei que havia uma pilha de louça suja na minha pia e que alguém teria de lidar com aquilo. Havia também arquivos e anotações na minha mesa, de um livro que esperava escrever. Roupas de trabalho espalhadas pelo chão. Meus pais moravam a 160 quilômetros de distância, e eu estava basicamente acampando na casa de veraneio deles para escrever meu livro. A casa não tinha isolamento térmico e os aquecedores de rodapé eram tão dispendiosos e inúteis que quase nunca os ligava. Usava roupas pesadas de lona acolchoadas e dormia com um gorro e um suéter de lã. Em noites muito frias, minha água potável congelava. Praticamente nada me incomodava. E agora tudo parecia ter chegado ao fim.

Enquanto batia para a frente e para trás naquela betoneira hidráulica, percebi que minha "visão" — um círculo de luz cinza para onde eu estaria olhando se meus olhos estivessem abertos — começava a se fechar. Ao mesmo tempo, me sentia começando a engasgar e sabia que aquilo culminaria em uma última respiração forçada. Eu nunca chegara perto de me afogar antes, mas, de alguma forma, meu corpo sabia de tudo. Ele sabia o que todos os sinais significavam, o que seria forçado a fazer e como tudo terminaria.

O círculo de luz estava reduzido a um furinho, e era quase impossível conter o engasgo em minha garganta. Meus

ESTÁVAMOS ESPERANDO POR VOCÊ | 13 |

pensamentos se reduziram a desesperados *não, não, não*. E então senti o terrível sistema hidráulico afrouxar — não muito, mas o suficiente para sentir minha roupa de mergulho boiar. *Aquele* era o caminho para cima; se conseguisse me segurar um pouco mais, iria sobreviver. A roupa de mergulho estava subindo. Dei alguns chutes. Subi mais. O mundo começou a ficar mais claro. Tudo estava ficando verde. Tudo estava ficando branco. Eu estava na espuma. Eu estava no ar. Eu estava no mundo.

E então vi mais uma onda se aproximando — tão grande quanto, tão perversa quanto. Soltei o ar, inspirei e voltei a descer.

Quando tinha vinte e tantos anos, trabalhei como escalador em empresas de arborização. O salário era bom, mas me disseram que se fizesse aquilo por muito tempo acabaria me machucando. E foi o que aconteceu. Eu pendurava uma corda de 15 metros em uma árvore, ou espetava o tronco com grampos de escalada, e derrubava a árvore cortando pedaços com uma motosserra. Muitas vezes, galhos ou partes do tronco precisavam ser amarrados e descidos para que não danificassem uma casa ou o que estivesse embaixo. Eu conseguia derrubar uma árvore dentro de sua própria circunferência. Conseguia cortar e ir descendo com diferentes partes de um pinheiro-branco de 30 metros de altura sem danificar o gramado. Eu tinha pavor de altura, mas aprendi a não olhar para baixo; apenas me concentrava no que estava à minha frente e me certificava de que os nós estivessem bem amarrados. E tinha medo de cair, mas não de motosserras, até cortar o tendão de Aquiles em cima de um olmo de médio porte. Depois disso, não fiquei exatamente com medo das motosserras, mas passei a ter muito mais cuidado com elas.

Usava uma corda de náilon trançada, testada com 2,7 toneladas. Para me manter no lugar e poder trabalhar, utilizava um nó de alpinista, que me fazia deslizar para cima e para baixo, mas travava assim que eu soltava o cabo. Os mosquetões tinham aproximadamente a mesma resistência que a corda. Em outras palavras, forças poderosas estavam em ação para me manter vivo com uma motosserra ligada a 24 metros de altura.

O charme existencial do trabalho com as árvores é que seu destino está inteiramente em suas mãos. O que está em jogo é valioso — sua vida —, mas, como no xadrez, não há eventos aleatórios. Todas as informações de que precisa para sobreviver estão bem à sua frente, e, se você não conseguir, é porque cometeu um erro. Isso não se aplica a dirigir, viajar de avião, conflitos armados ou até mesmo atravessar a rua com o sinal verde para pedestres. A gravidade, o impulso, o atrito e a dinâmica do peso na extremidade de uma corda estão disponíveis para serem compreendidos e administrados. Eu me esqueci de travar o mosquetão em minha linha de escalada: *burrice, burrice, burrice*. Cortei o topo de uma árvore e ele se voltou na minha direção: imperdoável. Quando a copa se volta na sua direção — um corte malfeito, uma rajada de vento —, a primeira coisa que ela faz é prender a barra da motosserra. Você precisa sair do caminho enquanto segura a serra ainda ligada, para que ela não gire quando a copa finalmente se desprender. É possível, mas você não quer precisar fazer isso.

Certa vez, uma mulher me ligou e disse que um enorme carvalho vermelho havia caído no fundo de seu quintal. Ela contou que estava lavando louça quando ouviu um estalo e olhou para o alto a tempo de vê-lo cair. Não havia um sopro de vento naquele dia. O tronco havia sido totalmente comido por formigas e, se eu estivesse trabalhando na árvore naquele momento, teria morrido. Essa é a única árvore que já encontrei na qual minha vida teria estado nas mãos do destino, embora conheça um sujeito que se enroscou em um galho que estava podre por dentro e acabou quebrando com seu peso. Ele caiu os primeiros 3 metros de uma queda que o teria matado, até que o galho ficou preso em uma forquilha durante a queda e parou. Perguntei o que ele fez quando o sacolejo acabou, ele disse que subiu de novo ao topo da árvore e continuou o trabalho.

Todo mundo tem um relacionamento com a morte, quer queira, quer não; a recusa em pensar na morte é também uma forma de se relacionar com ela. Quando ouvimos sobre a morte de outra pessoa, estamos também ouvindo uma versão da nossa própria morte, e o pesar que sentimos tem suas raízes na esperança de que esse tipo de coisa — o acidente de carro, o afogamento, o câncer — nunca aconteça conosco. É uma ilusão extremamente útil. Algumas pessoas levam essa ilusão ainda mais longe e assumem riscos de forma deliberada, como se a constante superação desses riscos concedesse a elas uma espécie de controle. Não concede, mas é uma estranha peculiaridade neurológica o fato de que, quando estamos lutando com todas as forças para nos mantermos vivos, dificilmente pensamos na morte. Estamos ocupados demais.

Morrer é a coisa mais comum que você fará na vida, mas também a mais radical. Você passará de um ser vivo e consciente a pó. Nada na vida pode prepará-lo para essa transição. Assim como o nascimento, a morte tem seu próprio calendário e não pode ser impedida, por isso não requer coragem nem disposição, embora sejam de grande ajuda. A morte nos aniquila de forma tão absoluta que poderíamos muito bem não ter vivido, mas sem ela a vida que vivemos não teria sentido, já que nunca terminaria. Um dos objetivos centrais da vida é a sobrevivência; o outro é o significado. Em alguns aspectos, eles são antitéticos. Situações que trazem consequências intensas são significativas demais — parto, combate, desastres naturais — e situações mais seguras geralmente não são. Uma partida de golfe é agradável (ou não), mas tem pouquíssimo significado, pois quase nada está em jogo. Nesse contexto, os viciados em adrenalina são, na verdade, "viciados em significado", e os caçadores de perigo são, na verdade, "caçadores de consequências". Como a morte é a consequência final, é a realidade final que nos dá significado.

Às 23h35 de 3 de outubro de 2021, uma mulher de 66 anos chamada Ruth Hamilton, de Golden, Colúmbia Britânica, foi acordada por um forte estrondo: um meteorito do tamanho do "punho de um homem grande" havia atravessado seu telhado e parado no travesseiro com estampas florais ao lado da cabeça dela. O meteorito vinha cruzando o espaço há milhões ou bilhões de anos. Sua trajetória não era aleatória, e era matematicamente previsível se fosse possível conhecer todas as suas variáveis, o que não era o caso. Diferentemente do trabalho com árvores, as variáveis relativas ao meteorito são quase infinitas. A sobrevivência de Hamilton se resumiu ao local onde ela resolveu deitar a cabeça. Ela passou o resto da noite tomando chá em uma poltrona e olhando para a pedra em sua cama.

O combate militar reproduz muito bem essa imprevisibilidade. Certa vez, estava encostado em sacos de areia em um pequeno posto avançado norte-americano no Afeganistão e senti um pouco da areia bater no meu rosto. As balas viajam a aproximadamente duas vezes a velocidade do som, por isso atingem o alvo bem antes dos sons do disparo. Em geral, o posto era atacado a uma distância de mais de 400 metros, o que faz com que as ondas sonoras demorem mais de um segundo para chegar. Depois que a areia atingiu meu rosto, só tive tempo de pensar *Que diabos foi isso?* antes de ouvir o barulho de rajadas das metralhadoras distantes. Quase fui atingido pelos primeiros disparos de um ataque que durou uma hora. Como Ruth Hamilton, na Colúmbia Britânica, poucos centímetros mais perto e eu não teria percebido nada.

Alguns dias depois, fomos atacados enquanto patrulhávamos a pé. O fogo vinha do outro lado do vale e era quase impossível se proteger; quando percebi, já estava tentando me esconder atrás de um arbusto que não era muito mais largo do que meu braço. Pedaços de folhas caíam com os disparos que cortavam a folhagem acima de nossas cabeças, e jatos de poeira explodiam em torno dos meus pés: mais imprevisibilidade. Passei um ano inteiro entre combates, e a imprevisibilidade era constante — eu simplesmente não podia me permitir pensar a respeito.

Muitos anos depois, meu amigo e colega de campanha no Afeganistão, o fotógrafo britânico Tim Hetherington, foi cobrir a guerra civil na Líbia. No último momento, tive que desistir da missão, então Tim fez uma viagem de barco clandestina até a cidade sitiada de Misrata por conta própria. Ele chegou pela manhã e, ao meio-dia, já estava em meio a um tiroteio. Dois soldados inimigos estavam encurralados num prédio em chamas e lançavam suas últimas granadas escada abaixo. Tim voltou para o esconderijo onde os jornalistas estavam, a alguns quilômetros da linha de frente, e à área do conflito no final da tarde, sendo quase imediatamente atingido por um único morteiro de 81 milímetros das tropas de Gaddafi. Um combatente perdeu as pernas. Um fotógrafo britânico saiu cambaleando, segurando o abdômen para manter os intestinos no lugar. Um fotógrafo norte-americano chamado Chris Hondros foi atingido por um estilhaço na parte de trás da cabeça que não o matou na hora, mas provocou morte cerebral e acabou com qualquer esperança. E Tim foi atingido por um pequeno pedaço de metal em sua virilha — pequeno, mas aparentemente grande o suficiente para cortar uma artéria.

Os mortos e feridos foram colocados em uma caminhonete, e o motorista correu para o hospital de Misrata. Tim sangrou até a morte na parte de trás da caminhonete, olhando para o céu azul do Mediterrâneo. A última coisa que ele disse foi "Por favor, me ajude" para um jornalista espanhol sentado ao seu lado. Será que Tim sabia que estava morrendo? Sentia medo? Ele já não tinha pulso no momento em que chegou ao hospital. Os enfermeiros o levaram às pressas para o centro de trauma e fizeram compressões torácicas, mas não havia como trazê-lo de volta.

Devido ao papel que Tim desempenhou documentando a guerra no Afeganistão, o exército dos Estados Unidos deixou claro que seu corpo seria retirado da Líbia não importava o que fosse preciso. Tim foi enterrado em Londres em um belo dia de primavera. O velório aconteceu na igreja da Imaculada Conceição, em Mayfair, e seu caixão fechado repousava em um catafalco ornamentado sob o púlpito do padre. Um a um, os entes queridos de Tim se aproximaram para prestar suas homenagens.

Algumas semanas depois de voltar de Londres, me vi em um mundo bastante diferente daquele que havia deixado — monótono, monocromático, sem muito otimismo ou amor. Desafiando a lógica, me convenci de que a morte de Tim era minha culpa e que deveria ter sido eu, e não ele. Havia dias em que até mesmo me pegava pensando que o sortudo era *ele* por ter morrido; que eu teria de encarar a vida até o fim. Tudo desmoronou rapidamente depois disso. Meu primeiro casamento acabou. Meu pai morreu. O padrinho do meu casamento alugou um carro, foi até uma loja de artigos esportivos, comprou uma espingarda e deu fim à própria vida em um estacionamento.

Mas a imprevisibilidade capaz de matar também pode salvar. Certa noite, eu estava em um bar lotado de Nova York e vi de relance uma mulher que me pareceu inexplicavelmente familiar. Isso era impossível — nunca havíamos nos encontrado —, mas fui tomado pela sensação de que a conhecia. Mais tarde, ela me disse que havia sentido a mesma coisa. Olhamos um para o outro com perplexidade e logo começamos a conversar. Seu nome era Barbara, ela era dramaturga e tinha um leve sotaque irlandês que ia e vinha de acordo com o assunto. Seu pai tinha 53 anos quando ela nasceu e havia lutado durante toda a Segunda Guerra Mundial, marchando a pé pela Europa. Ele voltou para casa, se tornou o prefeito de sua cidade natal e criou uma família de 12 filhos, dos quais Barbara era a mais nova.

Conversamos com uma espécie de alívio quase atônito, como se tivéssemos perdido contato há muito tempo para, finalmente, nos reencontrarmos ali. Por fim, nos casamos e tivemos uma filha, e depois outra. Moramos no Lower East Side de Manhattan e em uma casa antiga na floresta em Massachusetts. Um dia, quando nossa filha mais nova tinha 2 anos, eu lhe disse que a amava e perguntei se ela sabia o que essa palavra significava. "Sim, papai", ela respondeu. "Amor quer dizer *fique aqui*."

É verdade. Mas eu ainda tinha mais uma onda para enfrentar.

Existe um experimento mental irrefutável (e não comprovado) que sugere que, quando as pessoas se afogam, elas constroem uma fantasia elaborada de seu futuro para se isolarem do que de fato está acontecendo. A experiência subjetiva do tempo supostamente se rompe, permitindo que elas desfrutem dessa fantasia como se fosse apenas uma continuação da vida que tinham antes. Anos depois de quase ter me afogado, passou pela minha cabeça a ideia de que talvez eu ainda estivesse me afogando sem que soubesse disso. Talvez meu cérebro sem oxigênio estivesse apenas criando uma fantasia que parecia durar décadas, mas que na realidade estaria durando apenas alguns minutos ou segundos.

A segunda onda era enorme, mas, de alguma forma, não tinha a força da primeira, e, depois de alguns segundos, boiei até a superfície e comecei a nadar lentamente em direção à praia.

ESTÁVAMOS ESPERANDO POR VOCÊ

Cambaleei para fora da arrebentação e desabei na areia, olhando para o céu. Eu estava mais ou menos onde meu corpo teria ido parar se tivesse me afogado. Como o céu era azul; como as nuvens eram brancas. *Você quase deixou de ver as nuvens*, pensei. *Quase deixou de ver qualquer coisa.* Eu me deitei na areia congelada e me imaginei morto: braços retorcidos, boca cheia de areia, olhos vazios. Alguém que estivesse passeando com um cachorro poderia me avistar com meu traje de mergulho e me confundir com uma foca morta. Meu carro estava no estacionamento e a carteira no porta-luvas; não demoraria muito para a polícia me identificar pelo documento. O telefone tocaria na casa dos meus pais e minha mãe atenderia. Primeiro, ela não iria entender. Depois, iria gritar. Por fim, ela ligaria para o meu pai no trabalho e ele também passaria do estado de confusão para o horror, depois para o choque.

A notícia se espalharia entre o pequeno grupo de pessoas que me amavam e pelo grupo maior, daqueles que apenas me conheciam. Minha irmã viria da Inglaterra, onde morava, e ela e meus pais entrariam na casa de veraneio sem aquecimento e encontrariam a pia cheia de louça, além de cobertores do exército pregados nas frestas das portas para reter o calor. Uma escrivaninha que eu mesmo havia montado, com um cavalete e um compensado de madeira, estaria repleta de pesquisas sobre todos os tópicos que pude imaginar relacionados à morte no mar: meteorologia, oceanografia, física do movimento das ondas, estabilidade das embarcações, afogamento. Eu estava escrevendo sobre um barco de pesca de espadarte que havia afundado com seis homens nos Grandes Bancos em 1991 e queria reconstruir seus últimos dias, horas e minutos da forma mais detalhada possível.

Eu não conhecia nenhum daqueles homens, mas, por meio de minha pesquisa, acabei conhecendo seus irmãos, namoradas e mães. O processo acabou me parecendo tão intrusivo e errado que comecei a sonhar com aqueles homens — ou seja, eles às vezes me visitavam enquanto eu dormia. Um desses sonhos foi particularmente vívido: eu estava caminhando pela praia onde surfava quando me deparei com eles sentados em um círculo na areia. Hesitei, porque tinha certeza de que tinham raiva de mim por escrever o livro, mas eles apenas acenaram para que me juntasse a eles.

Não se preocupe, eles pareciam dizer. Estávamos esperando por você.

O QUE

A dor no meu abdômen chegou sem alarde em uma manhã de setembro, quando minha filha mais velha tinha 2 anos e 6 meses e todos na casa estavam ocupados com diversas tarefas que nunca terminavam. A dor era uma queimação repentina abaixo do esterno que me fazia endireitar o corpo e pressionar os dedos contra o abdômen. Era uma dor diferente de qualquer outra que eu já havia sentido e, de forma inexplicável, pensei: *Esse é o tipo de dor que se sente para depois descobrir que você vai morrer.* Uma dor que passou meses indo e voltando. Era ao mesmo tempo suportável e estranhamente debilitante, e às vezes me obrigava a sentar, sentindo uma espécie de calor estranho. Como muitas pessoas, eu já tolerei várias coisas desagradáveis na vida — hérnias, pedras nos rins, costelas quebradas, tendões rompidos, maratonas, patrulhas militares, ferimentos de motosserra — e acabei tolerando isso também.

Minha filha mais nova nasceu alguns meses depois, e a epidemia de covid começou logo em seguida. Xana, minha filha mais velha, ainda não estava na escola, então pudemos deixar Nova York e nos mudar para uma propriedade remota em Cape Cod. Nossa casa, construída em 1800, ficava no final de uma rua de terra batida sem saída, cercada por uma floresta de pinheiros que pertencia ao governo federal. Parte do terreno era uma fazenda orgânica, administrada por amigos que também moravam na propriedade. Cortávamos lenha, tratávamos e dividíamos a madeira, expulsávamos coiotes e raposas dos galinheiros, comercializávamos alimentos e removíamos árvores que caíam nas estradas quando havia tempestades.

O inverno foi ameno, a primavera foi fria e interminável, e junho chegou com calor e ventos do sudoeste que à tarde levantavam ondas na baía e cobriam as poças d'água e os peitoris das janelas com um pólen verde brilhante. Por causa da covid, Xana não conhecia outras crianças; a raça humana era composta principalmente por mim, minha esposa, os casais que moravam na fazenda e uma família com duas adolescentes que morava mais adiante na rua. Um dia, Xana e eu fomos até a rua asfaltada para fazer desenhos com giz e voltamos na manhã seguinte para ver se eles haviam sobrevivido a uma tempestade que caíra naquela noite. Não restava nenhum vestígio do que ela havia criado.

"A chuva não faria isso se tivesse visto como eles eram bonitos", disse Xana. *Esse é o problema*, pensei: não fazemos ideia se o universo nos percebe, muito menos se ele se importa. Mais tarde, quando tentei entender por que ignorei seis meses de dor abdominal, a única resposta que consegui encontrar foi que eu havia me apegado a uma versão adulta das esperanças da minha filha. *Com certeza o universo não elimina pessoas boas sem motivo*, pensava. *Com certeza o universo não elimina pais de crianças pequenas.*

Então, um dia bem cedinho, enquanto o mundo surgia de forma mais detalhada do lado de fora da janela do quarto, acordei abruptamente de um sonho em que minha esposa e minhas filhas choravam e se abraçavam enquanto eu pairava estranhamente sobre suas cabeças, incapaz de me comunicar com elas. Eu gritava e acenava, mas elas não sabiam que eu estava ali. De alguma forma me fizeram entender que eu havia morrido e não poderia confortá-las, pois já havia feito a travessia; elas estavam para sempre além do meu alcance. E não só isso, havia morrido por não ter levado minha vida a sério. "Você poderia estar fazendo qualquer coisa — até jogando xadrez —, mas escolheu morrer", foi como uma voz me explicou. Eu tinha sido descuidado, e agora era tarde demais.

Acordei afogado em angústia e vergonha. Uma luz cinza entrava pelas janelas, e podia ver os rostos da minha esposa e das minhas filhas ao meu lado. Dormíamos juntos no chão, em um grande colchão, e na maioria das noites Xana ficava entre Barbara e eu. Angela, com seis meses, estava do outro lado. Eu não tinha feito a travessia, afinal; ainda estava na cama, com a minha família. Passei meu braço por baixo de Xana, que rolou na minha direção de forma instintiva enquanto dormia e colocou a cabeça em meu ombro. Senti o vazio interestelar da morte sendo lentamente substituído pelo calor e o toque humano. Em algum momento, os filhos passam a reconfortar os pais, e não o contrário, e, para mim, esse momento chegou em uma manhã de junho, aos 58 anos, enquanto o dia clareava.

Meu pai nasceu e cresceu na Europa, mas imigrou para os Estados Unidos depois que o exército alemão invadiu a França, onde ele e sua família moravam. Ele era judeu por parte de pai e, embora não aceitasse nenhuma forma de identidade étnica, começou a usar seu sobrenome judeu nos Estados Unidos para afastar os intolerantes. Miguel, meu pai, chegou ao porto de Baltimore aos 18 anos em um cargueiro português de nome *São Tomé*. Ele passou pelo saguão de desembarque e foi entrevistado por um agente de imigração que perguntou o que ele pretendia fazer da vida. Respondeu que queria ser físico, ao que o funcionário disse: "Bem, então você deve ir para o MIT, em Boston. Meu filho está lá, e é a melhor escola do país."

Meu pai nunca tinha ouvido falar do MIT, mas conhecia Harvard, que era sua escolha. E ele teria ido para lá se — segundo o próprio — o diretor de admissões não tivesse afirmado que suas notas nos testes eram tão altas que Harvard o deixaria entrar, embora já tivessem "atingido a cota de judeus". Meu pai assentiu, foi embora e se matriculou no MIT.

Miguel era um cientista que não acreditava em nada que não pudesse medir e testar. (O que, como ele apontava, não é exatamente uma crença.) Ele trazia uma racionalidade iluminista para as superstições benignas da minha mãe, que seguia uma série de sabedorias orientais positivas: energias, chacras, vidas passadas e visitas de amigos mortos na forma de corujas ou corvos. Quando minha mãe teve câncer aos cinquenta e poucos, ela anunciou que se trataria apenas com macrobiótica e ioga. Meu pai perguntou se havia algum estudo médico que apoiasse a ideia de que o câncer uterino poderia ser curado com dieta, e ela, irritada, o acusou de ser "racional demais" — de não respeitar suas crenças, em outras palavras. Ele disse que terminaria o casamento se ela não fizesse o tratamento; eles chegaram a um acordo e ela fez a cirurgia, mas sem quimioterapia — e, para surpresa do cirurgião, ela sobreviveu.

Claro que não frequentávamos a igreja, portanto a racionalidade precisava oferecer o conforto que a espiritualidade costuma fornecer. Logo, foi totalmente pela ótica do meu pai que entendi meu sonho sobre a morte. Do ponto de vista dele, o sonho era aterrorizante, mas, claro, não tinha valor preditivo. Como poderia ter? Nosso corpo não consegue entender os problemas em nenhum sentido cognitivo, que é o que nossa mente necessita para processar as informações. São dois sistemas operacionais separados: um tem pensamentos, o outro, sensações. Caso contrário, não precisaríamos de tomografias computadorizadas e ressonâncias magnéticas para saber o que está errado; poderíamos apenas perguntar ao nosso corpo e informar ao médico o que precisa ser consertado.

Ainda assim, o sonho me deixou perturbado o bastante para contar à Barbara como foi. Eu tinha 55 anos quando minha filha mais velha nasceu e atribuí o sonho ao meu medo de morrer com as duas ainda pequenas. À noite, eu já não tinha mais o sonho na cabeça, e fomos todos para a cama por volta das 21h. As janelas estavam abertas, e a brisa de junho entrava na casa fazendo com que a floresta ao redor virasse parte do nosso quarto, dos nossos sonhos e do nosso sono. Às vezes, éramos acordados pelos sons das martas, ou dos coiotes cercando uma presa, ou de conversas estranhas que nunca consegui identificar. Eu não tinha pesadelos, mas fui acordado — novamente ao amanhecer — por uma queimação no abdômen. Era mais abaixo do que o normal e tinha uma nova intensidade. Depois de um tempo, a dor passou e voltei a dormir.

A data era 16 de junho de 2020. Meu corpo vinha se encaminhando para esse dia a minha vida inteira.

A rua de terra que leva à nossa casa tem muitas trilhas e está repleta de carvalhos jovens, acácias e pinheiros. O substrato de argila retém a água, gerando enormes poças quando chove forte; é preciso dirigir o equivalente ao cumprimento de três ou quatro carros com a água até metade da roda. O caminho de entrada da casa tem centenas de metros e termina em uma garagem e um antigo estábulo para cavalos com uma moeda de 1931 colada no piso de concreto. Ao lado, há uma pequena casa com vigas e colunas de cedro, construída originalmente pela família Hopkins, cujos ancestrais chegaram no *Mayflower* em 1620. Após a Grande Depressão, os Hopkins venderam a propriedade a um escritor socialista chamado Waldo Frank, que havia participado de algumas das lutas mais importantes do século: os protestos pacifistas da Primeira Guerra Mundial, as greves trabalhistas norte-americanas e, mais tarde, a revolução cubana. A autobiografia de Frank inclui uma fotografia dele sendo recebido numa pista de pouso por um Fidel Castro vestido em uniforme de combate e carregando um fuzil de assalto FAL de fabricação belga. Durante décadas, radicais de todos os tipos — comunistas, artistas, homossexuais, fumantes de ópio

— foram para os bosques de Truro e para as vielas estreitas de Provincetown para escapar da vigilância federal e levar suas vidas subversivas. Frank faleceu em 1967, e eu comprei a propriedade de seu filho em 2000.

O chefe dos bombeiros pediu para que eu limpasse a vegetação rasteira ao longo do caminho até a garagem, a fim de que seus caminhões pudessem passar em caso de emergência, então, junto com um amigo, fiz um corredor até a rua usando motosserras. Deixamos o que foi cortado no chão, mas a vegetação acabou voltando a crescer e, durante anos, disse a mim mesmo que precisava limpar a passagem outra vez. Quase não há sinal de celular na casa, e o telefone fixo é tão antigo que uma chuva forte o deixa mudo por dias, portanto deixar o caminho transitável era especialmente importante. E, por algum motivo, *naquela* manhã senti uma urgência enorme de fazer o serviço.

Eu ainda tinha todo o meu equipamento do tempo em que trabalhei como escalador de árvores. Abasteci minha serra, ajustei a corrente e comecei a trabalhar no caminho da entrada. Era um trabalho desagradável no calor, com os mosquitos saindo das poças e os espinhos das acácias se agarrando na calça e na camisa, mas no meio da tarde já havia terminado. Encostei a barra da serra na biqueira da minha bota, segurei o cabo e olhei para trás, para o meu trabalho. *Até o circo dos Ringling Brothers poderia passar aqui, se precisassem*, pensei. As duas adolescentes do final da rua apareceram para cuidar das crianças, o que não acontecia com muita frequência, então eu poderia sair para correr ou passar uma rara tarde com minha esposa. Voltei ao frescor da casa e sugeri à Barbara que tirássemos algumas horas para nós mesmos. Por alguma razão, senti a necessidade de acrescentar: "O dia está tão bonito, e ninguém sabe quantos dias assim ainda temos."

Mais tarde, Barbara me disse que havia ficado um pouco incomodada com o que eu havia dito, porque sugeria uma atitude em relação à vida de se estar sempre correndo o risco de perder tudo. Mas então ela pensou: *Se ele estiver certo, vou desejar que o último dia que passarmos juntos seja assim*, e concordou em tirar o resto da tarde de folga. Nada disso era normal: nem o sonho sobre a morte, nem a compulsão em limpar a entrada da casa, nem o pensamento passageiro sobre a mortalidade. Barbara sussurrou para uma das babás que ficaríamos ausentes por um tempo, e nos certificamos de que a porta de tela não batesse atrás de nós quando saímos de casa.

Waldo Frank construiu um estúdio de escrita no ponto mais alto de sua propriedade, e havia uma trilha que subia até lá, passando por uma colina que agora estava coberta por densas florestas de pinheiros. Quando Frank construiu o estúdio, a colina fazia parte de um grande brejo coberto por uva-ursina que se estendia em direção ao sul a partir do rio Pamet, e ele podia levantar os olhos de sua escrivaninha e ver a baía de Cape Cod e até mesmo os promontórios de Plymouth a 32 metros de distância. A cabana tinha um telhado curvo como o casco de um barco, uma pequena chaminé para um fogão a lenha e uma estreita cama de tábuas. Abri a porta e entramos, sentindo o ar fresco e ligeiramente mofado da velha cabana. Era por volta das 17h.

* * *

No corpo humano há cerca de 5 litros de sangue — ou dez "unidades", como preferem os médicos. As mulheres tendem a ter menos sangue do que os homens, e as crianças têm menos sangue do que os adultos, mas, em todos os casos, uma pessoa saudável pode perder cerca de 15% do sangue do corpo sem grandes consequências. (As mulheres geralmente perdem essa quantidade no parto.) No entanto, quando perdemos cerca de 30% do sangue — três a quatro unidades — o corpo começa a entrar em um estágio de choque compensado para proteger seus órgãos vitais. A frequência cardíaca aumenta para compensar a baixa pressão arterial, a respiração se torna mais rápida e superficial e os pequenos vasos sanguíneos e capilares se contraem para manter o sangue onde ele é mais necessário, no coração, nos pulmões e no cérebro. Se você pressionar a ponta do dedo na pele de uma pessoa saudável, deixará uma mancha branca que se encherá de sangue quase de imediato. Se você fizer o mesmo com alguém em choque compensado, a mancha branca permanecerá, mesmo que a pessoa pareça funcional e lúcida.

Com 40% de perda de sangue, o corpo começa a entrar em um estado do qual não consegue se recuperar sozinho. Todos os órgãos precisam de oxigênio para funcionar, inclusive o coração, e, se a pressão arterial cair muito, o coração não consegue bater rápido o suficiente para manter a pressão arterial necessária para a sobrevivência. Nesse momento, a pessoa passa de um choque compensado para um choque hemorrágico e começa a morrer. Ela começa a tremer convulsivamente e a alternar entre perda e retomada da consciência. A pessoa pode delirar e ter alucinações; na verdade, ela pode não ter ideia de que está morrendo. Pode tentar brincar com os médicos, ou perguntar por que eles parecem tão preocupados. O cérebro, o coração e os órgãos vitais deixam de receber oxigênio suficiente e começam a se desligar, o que acelera o processo de toxicidade ácida desencadeado pelo choque inicial da perda de sangue. A acidose pode matar uma pessoa, mesmo que ela tenha recebido sangue o bastante para manter o coração batendo.

Uma pessoa pode morrer em dois ou três minutos se uma artéria principal for cortada, ou pode aguentar algumas horas se a perda de sangue for mais lenta, como foi o meu caso. De qualquer forma, sem uma transfusão de sangue considerável — geralmente administrada de forma direta na jugular — o paciente morrerá. A perda de 40% de sangue pode ser comparada à "zona da morte" no Monte Everest, a 8 mil metros de altitude, onde há aproximadamente um terço do oxigênio que existe no nível do mar. Os alpinistas presos na zona da morte têm a mesma taxa de sobrevivência que as pessoas que perdem metade do sangue fora do hospital, ou seja, zero.

Barbara e eu passamos mais ou menos uma hora dentro da cabana de Waldo Frank. Os insetos vibravam no calor da tarde, e os pássaros se agitavam nas copas das árvores. Um falcão subiu ruidoso em uma corrente vespertina de ar quente. E, em meio à normalidade e à segurança daquele lugar fortuito, uma fisgada de dor preencheu todo o meu abdômen. Ela surgiu do nada e imediatamente tornou-se a única coisa em que eu conseguia pensar. A dor era pior do que uma indigestão, mas não parecia *perigosa* — apenas muito estranha. Mudei de posição para ver se passava, mas não passou, então tentei me levantar. O chão se afastou de mim como se estivesse no convés de um navio, e sentei-me de novo.

"Que estranho", comentei. "Nunca senti nada assim na vida." Agora minha esposa tinha um problema; não havia como pedir ajuda e eu pesava vinte quilos a mais que ela. Ela teria de me tirar da floresta e me levar de volta para casa sozinha. Coloquei o braço direito sobre os ombros dela, que colocou o braço esquerdo em volta da minha cintura e tentamos caminhar. Lembro-me de pensar que estávamos há apenas alguns minutos assim e eu já não conseguia me manter de pé; aquilo não podia ser um bom sinal. Enquanto andávamos pela trilha, tentei eliminar algumas possibilidades. Ataque cardíaco? Provavelmente não, eu não sentia dor no peito e não tinha nenhum dos fatores de risco. Derrame? Também não, pelos mesmos motivos. Minha mãe tinha tido diverticulite; poderia ser um rompimento no intestino? Essa possibilidade não parecia tão ruim, provavelmente seria operado e deixaria o hospital em poucos dias.

Minha mente girava como um carro no gelo; por mais que tentasse, não conseguia me manter na pista. Meses depois, perguntei à Barbara como eu estava. "Você estava murmurando", disse ela. "Você não me tranquilizava porque sabia que havia algo errado. Você falou: 'Precisarei de ajuda.' Você ainda conseguia andar, mas com o corpo completamente apoiado em mim."

Por fim, conseguimos sair da floresta e chegar ao caminho de entrada da casa, então Barbara abriu o lado do carona e me ajudou a entrar no carro. Desde que saímos da cabana, aquela foi a primeira vez que ela pôde olhar diretamente para o meu rosto. "Havia algo na maneira como você me olhava, sem me enxergar", ela me disse. "E foi quando corri. Não sabia se você ia morrer enquanto eu corria para dentro de casa; não queria que você ficasse sozinho nem por um segundo."

Tenho a lembrança da Barbara dizendo que ia buscar um copo d'água e sair correndo. Não gostei de vê-la correr, significava que estava preocupada. Barbara encontrou as babás brincando no chão com Xana e Angela e fez sinal para que a mais velha fosse com ela até a cozinha. A menina se levantou e Barbara pediu calmamente que ela chamasse uma ambulância. O tom de discagem do telefone fixo era pura estática por causa das chuvas recentes, então a babá saiu para tentar conseguir algum sinal de celular.

Enquanto isso, Barbara encheu um copo e voltou correndo. Começou a massagear minhas mãos e me disse para tentar ficar com ela. "Você estava embolando as palavras", disse ela. "Você achava que estava falando, mas não dizia coisa com coisa." Eu perdia e recobrava a consciência de forma cíclica, e Barbara tinha medo de que eu acabasse apagando e não voltasse mais. Eu me lembro da babá andando em círculos em frente à garagem, tentando obter sinal. Nossos olhares se cruzaram e pude ver como ela parecia assustada, o que gerou um lampejo de culpa. Xana saiu de casa correndo para ver o que estava acontecendo e foi pega bem a tempo pela babá mais nova, que tinha 14 anos.

Meu abdômen parecia ser feito de dor e nada mais, o que talvez estivesse fazendo com que eu recobrasse a consciência o tempo todo. Foi nesse momento que o céu começou ficar branco, com uma tonalidade elétrica. A brancura apagou a copa das árvores, depois a casa, o caminho da entrada e, por fim, o rosto da minha esposa. Eu disse a ela que estava ficando cego, depois disso não me lembro de muita coisa. Em algum momento, Barbara disse que a ambulância estava chegando, e depois de um tempo ouvi sirenes à distância. Vieram palavras ditas por Barbara, sirenes de novo — mais altas agora —, mais dor e, por fim, palavras ditas por um homem. O rosto de um paramédico apareceu onde estava o da minha esposa.

"Então você não está se sentindo bem?"

Na verdade, eu me sentia um pouco melhor; minha visão havia retornado e minha mente havia se reconectado de repente, como se alguém tivesse soltado uma embreagem e me colocado de volta na marcha. Ninguém percebeu que eu havia entrado em choque compensado. Nem mesmo tinha certeza se precisava ir ao hospital; se não fosse pela dor no abdômen, provavelmente não teria ido. Os paramédicos sugeriram que eu bebesse água na sombra — era um dia quente, eles ressaltaram — e ligasse de volta se não melhorasse.

Barbara disse: "Minutos atrás ele estava perdendo a visão e desmaiando. Ele vai para o hospital."

Eu estava lúcido o suficiente para me lembrar da famosa estatística que indica que os homens casados vivem mais do que os solteiros. *Com certeza esse é um dos motivos*, pensei. Os paramédicos já deviam ter passado por essa dinâmica muitas vezes, pois fizeram um acordo comigo: se eu conseguisse ficar de pé sem auxílio, poderia ficar em casa. Parecia uma tarefa muito simples, então joguei minhas pernas para fora do assento do carro, me levantei e imediatamente senti meus joelhos cederem. Embora estivesse me sentindo melhor, minha pressão baixou e eu não conseguia mais ficar em pé. Os paramédicos me colocaram em uma maca e me levaram para a ambulância.

Vi as copas das árvores da entrada recuarem pela janela traseira. O paramédico que estava comigo na parte de trás da ambulância disse que seu nome era Joe. Ele colocou um cateter intravenoso em meu braço porque minha pressão sanguínea estava baixa e ele pensou que eu estava desidratado, então a ambulância saiu sacudindo pela rua de terra. Ela ganhou velocidade quando chegamos ao asfalto; alguns minutos depois, as sirenes foram ligadas e senti que estávamos entrando na Rota 6. De lá, levamos quase uma hora até o hospital; nossa cidade tem o segundo resgate de emergência mais longo do estado.

O celular da Barbara ainda estava sem sinal, mas conseguia enviar mensagens de texto. Ela enviou uma mensagem para Uli, um dos rapazes da fazenda, dizendo que havia uma emergência e que ele deveria vir o mais rápido possível. Ele e Barbara se sentaram no chão da cozinha para manter as meninas distraídas enquanto as babás foram para casa arrumar as mochilas para passar a noite. Barbara disse a Uli: "Sei que parece dramático, mas tenho um mau pressentimento."

"Ah, não, não é para tanto", disse Uli. "Ele vai ficar bem."

Barbara não estava chorando, mas tremia de maneira incontrolável. Ela deveria ter dirigido até a rodovia e chamado a ambulância de lá? Ou deveria ter me deixado na cabana para ir correndo pedir ajuda em vez de ir caminhando devagar comigo? Aqueles dez minutos fariam a diferença entre minha vida e minha morte? Barbara também estava muito consciente do fato de ter duas crianças de quem cuidar. As necessidades delas vinham antes mesmo das minhas. "Então, comecei a reunir as forças", ela me disse depois. "Se as meninas estivessem seguras, eu sabia que poderia ir até você."

Enquanto isso, na ambulância, eu estava preocupado por não estar recebendo o soro rápido o suficiente e pedi a Joe que apertasse a bolsa intravenosa, como eu tinha visto os médicos de combate fazerem no Afeganistão. Também pedi uma segunda bolsa de soro, por segurança. Ele disse que não era necessário; o objetivo era apenas manter a pressão sistólica acima de 80, que é o nível mínimo para manter a consciência. Depois, Joe disse que havia descartado a possibilidade de hemorragia abdominal porque a frequência cardíaca costuma disparar para compensar a perda de sangue — geralmente ultrapassando cem batimentos por minuto — e minha frequência estava quase normal. No entanto, pessoas jovens ou atléticas têm corações eficientes, capazes de manter a pressão arterial sem acelerar. "As pessoas mais jovens parecem estar muito bem até que de repente desabam", me disse o chefe do departamento de emergência em Hyannis. "Parecem normais até que morrem. Boa elasticidade nas artérias, um coração forte... tudo isso ajuda. Mas, quando você chega ao estágio em que já não consegue manter tudo isso, aí já é tarde demais."

Eu certamente não era jovem, mas uma vida inteira de corrida, trabalho e movimento havia me dado um sistema vascular capaz de mascarar a perda de sangue. Meu sangramento era intenso e minha frequência cardíaca mal tinha se alterado. Encontrei meu celular no bolso e liguei para minha esposa a fim de dizer que estava bem. Ela passou o telefone para Xana, que me disse que o amor dela por mim ia até a lua e voltava. Desliguei o telefone sem pensar muito no que estava acontecendo.

Na metade do caminho até o hospital, um espasmo atravessou meu corpo e me fez levantar da maca. Parecia que haviam injetado lava quente em mim. Poucos minutos depois, perdi o controle dos meus intestinos e expeli um líquido de odor fétido, com muito sangue. Isso não parecia bom, mas Joe não estava preocupado. O diagnóstico mais óbvio agora era algo intestinal, disse ele, e meus sinais vitais ainda estavam próximos do normal. Minha prioridade na emergência era nível dois, o que significava que fui avaliado como um caso *potencialmente* grave, mas sem risco imediato de morte. O setor de emergência do hospital mal conseguiu acompanhar minha saída da ambulância.

Joe podia não saber, mas eu era basicamente uma ampulheta humana; era provável que eu estivesse perdendo uma unidade de sangue a cada dez ou quinze minutos. Minha visão e meu intestino haviam falhado na última meia hora e, pelo que me constava, eu já tinha visto essas duas coisas acontecerem com soldados gravemente feridos em filmes de guerra hollywoodianos, e não parecia ser um bom sinal. Tentei descobrir se estava ou não em perigo pela forma como o motorista conduzia a ambulância, mas era impossível saber. Ele parecia acionar a sirene com pressa no trânsito e acelerar com força, mas eu não confiava mais na minha mente para processar informações. Estava lúcido o bastante para saber que não estava totalmente lúcido.

Saímos da rodovia, o que significava que ainda tínhamos cinco ou dez minutos de viagem, e de repente chegamos a um desembarque no subsolo, o que me fez pensar que devo ter perdido a consciência por um tempo. A ambulância parou, as portas se abriram e um grupo de pessoas com máscaras e uniformes surgiu diante de mim. Fiquei alarmado com a quantidade de gente — será que eu corria mais risco do que imaginava? — e, por algum motivo, perguntei se estava no purgatório. Eu estava tentando ser engraçado, mas ninguém riu. "Não, porque eu também estou aqui e tenho certeza de que vou direto para o inferno", disse, por fim, um deles.

Em seguida me vi sob luzes brilhantes, e muita coisa começou a acontecer muito rápido.

Dr. Craig Cornwall, chefe do departamento de emergência do Hospital Cape Cod, em Hyannis:

"Steve Kohler e eu trabalhávamos na mesma equipe e basicamente nos revezávamos com os pacientes. Sabíamos que um paciente com dor abdominal estava a caminho e sabíamos... que havia alguma coisa errada, mas não tínhamos a impressão de que fosse algo catastrófico. Estávamos sentados em nossas mesas, vimos você passar e eu disse: *Ah, isso não parece nada bom*. Você estava cinza. Interagia minimamente. As pessoas ficam com uma certa aparência quando não têm muito sangue no corpo, e você tinha essa aparência. Não nos importamos tanto com *o que* está acontecendo; nos importamos com a *categoria* daquilo que está acontecendo. E você tinha uma catástrofe vascular de algum tipo."

O setor de emergência é uma sala grande e iluminada, com mesas e estações de trabalho no meio, com salas de exame e um centro de trauma ao redor. Um centro de trauma é grande o suficiente para sete ou oito pessoas ao mesmo tempo — médicos, cirurgiões, enfermeiros, anestesistas, radiologistas —, além de oxigênio suplementar, carrinhos de emergência e um monitor de sinais vitais. O dr. Cornwall e o dr. Kohler trabalham perto da entrada da ambulância, por isso conseguem ver a chegada de novos pacientes. Quando passei, eles se entreolharam e Kohler correu para me atender. "Você estava péssimo", ele me disse mais tarde. "Sua pressão arterial estava muito baixa. Você parecia ter alguma condição rara — algo que não estamos acostumados a ver. Na verdade, achei que o problema fosse sua aorta."

A aorta recebe todo o sangue bombeado pelo coração — até 5 litros por minuto — e o distribui por todo o corpo. A aorta ascendente distribui o sangue para o tórax e a cabeça e depois continua como aorta descendente, que distribui o sangue para o abdômen e as pernas. A aorta abdominal tem a largura de uma mangueira de jardim e está sob enorme pressão a cada vez que o coração se contrai. Se houver um ponto fraco nessa mangueira, ela começa a inchar até se tornar um aneurisma da aorta abdominal — um "AAA", como é conhecido. Esse inchaço pode levar décadas para se desenvolver e geralmente não apresenta dor ou outros sintomas. A maioria dos "AAA" é diagnosticada após a morte, isso se for diagnosticada. Dos idosos norte-americanos, 3% têm aneurismas da aorta com risco de ruptura e, entre aqueles que sofrem uma ruptura, uns 10% chegam vivos ao hospital. Desses 10%, quase metade morre na cirurgia.

Por isso, quando o dr. Kohler achou que minha aorta havia se rompido, ele sabia que estava lidando com alguém com 50% de chance de morrer, independentemente do que fosse feito. Demorei uma hora e meia para chegar ao hospital, minha pressão arterial estava abaixo do mínimo para estar consciente, e meus níveis de hemoglobina iam de mal a pior. A hemoglobina transporta o oxigênio dos pulmões para o resto do corpo; sem o suficiente, você perde a consciência e morre. Sabe-se que períodos de inconsciência são um prenúncio de morte por AAA, e eu entrava e saía da realidade quase desde o início.

Mas ainda estava lúcido o suficiente para me lembrar do telefone de casa e passá-lo para o dr. Kohler. Ele discou, mas, do outro lado, Barbara ouvia tocar, pegava o fone e só escutava estática. As linhas estavam com problemas por causa das chuvas recentes. Kohler acabou tentando o celular dela, que funcionou. "Não se preocupe, vamos cuidar do seu marido", disse. "Mas você deveria vir."

Os médicos geralmente tentam fazer com que os familiares venham quando acham que o paciente vai morrer, porque assistir a uma equipe de trauma tentando desesperadamente salvar seu ente querido é, mais tarde, muito reconfortante. Isso é válido, especialmente, no caso dos pais. Barbara contou a Kohler que a equipe da ambulância havia dito que ela não conseguiria entrar no prédio por causa das restrições da covid, mas ele passou por cima disso.

"Eu não dirigiria a 160km/h", disse ele à Barbara, "mas, se fosse minha esposa, eu iria o mais rápido possível".

O dr. Kohler tem cabelos brancos lisos, presos em um rabo de cavalo, e um físico atlético graças ao triatlo. Sua frequência cardíaca em repouso é na casa dos 40, o que o torna um candidato perfeito para mascarar uma hemorragia catastrófica com uma pulsação estável e normal. Muitos anos antes, sua esposa quase morreu de hemorragia pós-parto. A gravidez e as complicações do parto são as principais causas de morte de mulheres jovens em todo o mundo; se a mulher tiver um aneurisma desconhecido, ele pode se romper com facilidade durante o trabalho de parto, muitas vezes enchendo o útero de sangue. É mais difícil sangrar em uma área pequena e apertada do que em uma área grande e aberta, e o útero é um dos espaços mais abertos do corpo. A esposa de Kohler começou a se sentir tonta após o parto e caiu bem na frente dele. "Eu me levantei para colocar um acesso nela e *eu* comecei a me sentir tonto", disse ele. "Ela entrou na sala de cirurgia e sua pressão arterial estava em torno de 45 ou 50, mesmo com um agente vasopressor. Ela basicamente perdeu todo o sangue disponível no corpo. Foi feita uma histerectomia de emergência e ela sobreviveu."

Quando o dr. Kohler correu para o centro de trauma e foi informado de que eu apresentava dor abdominal, pressão baixa, palidez e que oscilava entre a consciência e a inconsciência, ele sabia que uma hemorragia abdominal profunda era uma das poucas coisas que todos esses sintomas podem indicar. Talvez eu tivesse uma úlcera hemorrágica, talvez uma ruptura da aorta, ou talvez um tumor que tivesse por fim perfurado uma parede da artéria, mas a primeira coisa que eles precisavam fazer era encontrar o sangramento e estancá-lo. Se eu tivesse levado um tiro ou uma facada, eles saberiam por onde começar a procurar, mas a hemorragia interna pode estar em qualquer lugar, o que a torna especialmente mortal.

"Você era a pessoa mais doente do hospital", disse o dr. Cornwall. "Precisávamos mobilizar a tomografia computadorizada imediatamente."

Ouvi o dr. Kohler dizer a uma enfermeira para me levar à radiologia "o mais rápido possível, sem correr", e então os corredores começaram a passar e portas duplas começaram a se abrir. A essa altura, eu já havia entrado em choque hemorrágico em estágio final, e meu corpo tremia convulsivamente na maca, em uma última tentativa de me manter vivo. Senti me levantarem da maca e me colocarem em um tomógrafo — a "rosquinha", como é conhecido — e pude sentir meu corpo sacudindo contra a plataforma móvel. Eu estava com muito frio e sentia uma dor extraordinária. Uma enfermeira colocou um cobertor aquecido sobre meu corpo, o que foi incrível, e me orientou em alguns exercícios de respiração. Lembro-me de pensar que aqueles deviam ser os exercícios de respiração que as mulheres fazem durante o parto e fiquei impressionado por funcionarem tão bem. Não fui sedado porque meus sinais vitais já estavam catastroficamente baixos; suprimi-los ainda mais com medicação para dor poderia me matar.

O motivo do tremor convulsivo que tomou conta do meu corpo era a *hipotermia* — baixa temperatura corporal. As pessoas com hipotermia falam de forma arrastada, dizem coisas sem sentido, não conseguem entender o que está acontecendo e tendem a alucinar. Tudo isso estava acontecendo comigo. No estágio final da hipotermia, a pessoa que está morrendo pode tirar a roupa — "desnudamento paradoxal" — ou se encolher em um local pequeno e escuro, como um armário ou debaixo da cama. Acredita-se que esse comportamento, chamado de "refúgio terminal", seja desencadeado por uma parte muito primitiva do cérebro relacionada ao comportamento de hibernação em outros animais.

A baixa oxigenação sanguínea provocada pela hemorragia é indistinguível da baixa oxigenação sanguínea provocada pelo frio intenso. O corpo começa a gastar enormes quantidades de energia metabólica para tentar se manter aquecido — queimando a mobília devido à falta de lenha, por assim dizer. Nesse caso, a mobília é a glicose, que é armazenada nas células do corpo. Queimar a glicose no lugar do oxigênio é uma medida desesperada de curto prazo, porque produz ácido lático, que, por sua vez, prejudica a função cardíaca. À medida que a função cardíaca diminui, o corpo recebe menos sangue e entra em um estado mais profundo de hipotermia, o que reduz ainda mais os níveis de oxigênio e os fatores de coagulação no sangue. Fatores de coagulação baixos culminam rapidamente em uma *coagulopatia*, em que o sangue não consegue coagular.

Esse ciclo de retroalimentação é conhecido como a "tríade letal do trauma". Você pode despejar a quantidade de sangue que quiser em uma pessoa, mas, uma vez que a cascata da coagulopatia começa, é difícil interrompê-la. Ironicamente, quanto mais soro fisiológico você der a uma pessoa antes de lhe dar sangue de verdade, mais você dilui os fatores de coagulação e mais perigo ela corre. Se Joe tivesse me dado outra bolsa intravenosa na ambulância, como eu havia pedido, minhas chances de entrar na tríade letal do trauma teriam aumentado para 40%. Cerca de um quarto das pessoas que morrem de perda de sangue no hospital têm bastante sangue em suas veias. Elas morrem de coagulopatia.

Enquanto a radiologia tentava identificar a origem do sangramento, o dr. Kohler acionou um "código vermelho", que mobilizou os estoques de sangue do hospital e desviou uma quantidade suficiente de funcionários para ministrá-los. Foi a primeira vez que os estagiários de verão ouviram esse chamado. Em princípio, recebi um total de nove unidades de sangue, o que significava que eu provavelmente havia perdido dois terços do sangue do meu corpo. O sangue era a única coisa que poderia salvar minha vida, mas quanto mais unidades você precisa, maior é a probabilidade de morrer, e as nove unidades estavam próximas do limite máximo dessa escala. Os hemocomponentes precisam ser aplicados em uma sequência específica em pessoas com hemorragia — um "protocolo de transfusão maciça" — e a entrega e a verificação desses produtos exigem uma coreografia muito intensa. É fácil misturar bolsas de sangue durante uma emergência, e dar um sangue de tipo errado a alguém pode levá-lo à morte.

A tomografia revelou uma enorme poça de sangue no meu abdômen e um sangramento ativo ao redor do pâncreas. Os médicos tinham uma escolha crucial. Eles poderiam me estabilizar com uma transfusão e fechar a ruptura na sala de radiologia intervencionista, onde os médicos usam um fluoroscópio para guiar um cateter através do seu sistema venoso, ou poderiam abrir meu abdômen em uma cirurgia e tentar encontrar a ruptura antes que eu perdesse todo o sangue. Você precisa estar "hemodinamicamente estável" para entrar na sala de radiologia intervencionista, porque, se você tiver uma parada cardíaca ou respiratória, eles terão que levá-lo correndo de volta à cirurgia para salvar sua vida. Ali, eles poderão intubá-lo, fazer transfusões, desfibrilá-lo ou abrir seu peito para fazer uma massagem cardíaca. Mas, depois que os médicos abrem você e já estão até os cotovelos dentro do seu abdômen, não há como voltar atrás. É o equivalente civil da cirurgia de guerra.

Além disso, o tempo estava passando. Depois de abrir o abdômen, você perde qualquer pressão de contenção — *tamponamento* — que poderia estar retardando a perda de sangue, e o sangue pode literalmente jorrar da cavidade abdominal. Durante a Guerra do Iraque, o exército norte-americano desenvolveu uma técnica em que abriam o abdômen, preenchiam-no rapidamente com gaze para manter o tamponamento e, em seguida, percorriam cada área — afastando os órgãos e aspirando o sangue — para encontrar a origem do sangramento. No entanto, a "laparotomia de emergência", como é chamada, é uma situação de risco mesmo na melhor das circunstâncias. Suas chances de sobrevivência são de até 40%, dependendo do trauma.

Em algum momento, uma jovem enfermeira apareceu ao meu lado e sussurrou: "Você não soube por mim, mas não é a sua aorta." Eu não tinha ideia do que ela estava falando — não estava ali por causa de uma dor na barriga? —, mas ela parecia animada com o fato, então agradeci. Mais tarde, percebi que, em sua mente, ela estava me dando a boa notícia de que eu tinha uma chance de sobreviver. Devo ter perdido a consciência depois disso, porque minha lembrança seguinte foi a de um novo rosto me encarando no centro de trauma: um jovem médico chamado Spencer Wilson. Ele havia sido chamado da ala cirúrgica pelo dr. Kohler para colocar um acesso no meu pescoço, o que liberou Kohler para começar a coordenar outros recursos de que precisaria: banco de sangue, sala de radiologia intervencionista, cirurgião vascular. O dr. Wilson pediu permissão para colocar um acesso de grande calibre em minha jugular, o que parecia doloroso e desnecessário. *Por que precisariam fazer isso?*, me questionei. Eu já tinha cateteres intravenosos nos dois braços. "Isso é para o caso de alguma emergência?", perguntei.

"Esta *é* a emergência", disse Wilson, e começou a preparar uma coisa chamada cateter Cordis, utilizado durante transfusões maciças. De alguma maneira, eu sabia que algo estava muito errado, mas meu cérebro não estava funcionando bem o suficiente para entender que eu estava morrendo. Nenhum grande pensamento sobre a mortalidade ou sobre a vida me ocorreu; nem na minha família pensei. Eu tinha toda a introspecção de um coiote baleado no estômago. O dr. Wilson reapareceu acima da minha cabeça, invertido, e colocou uma folha de plástico transparente sobre meu rosto para manter a área esterilizada. Em seguida, ele pressionou com força o lado direito do meu pescoço para obter imagens da minha jugular com uma sonda de ultrassom, para poder inserir ali uma agulha.

Enquanto o dr. Wilson inseria a agulha, ele continuava puxando o êmbolo até ver sangue na seringa. Isso indicava que estava na minha jugular. Em seguida, ele deslizou um fio por um orifício da agulha em minha veia, retirou a agulha, passou um dilatador de plástico sobre o fio, retirou o fio e inseriu um cateter Cordis. Com um bisturi, fez um corte em meu pescoço e suturou o cateter de modo que não pudesse se mover. Tudo isso pode ser arriscado. A agulha pode romper a veia, o ar pode entrar na corrente sanguínea, ou o dr. Wilson pode perder o controle do fio e deixar que ele seja sugado para dentro da minha jugular. Então — além de todo o resto — eles teriam de abrir outro ponto de entrada em minha virilha e sair em busca do fio em meu sistema vascular.

Durante um protocolo de transfusão maciça, os enfermeiros do centro de trauma separam os hemocomponentes anunciando-os um por um, e um médico inspeciona e assina em cada um deles antes de serem conectados ao lúmen, que leva à jugular. Para cada pacote de sangue, o dr. Wilson precisava assinar um documento que dizia: "Acredito que a vida deste paciente estará em risco sem uma transfusão de emergência e, portanto, aceito a responsabilidade por qualquer reação adversa do paciente." Geralmente não há tempo para testar a compatibilidade sanguínea quando alguém está perdendo sangue, então os médicos usam o tipo universal, O negativo, e torcem pelo melhor. De alguma forma, eu me lembrei de que no Afeganistão escrevera "O+" em meu capacete e disse isso à equipe. Kohler ordenou que três pacotes de glóbulos vermelhos O positivo compatíveis fossem administrados por uma bomba de infusão em minha jugular.

O sangue é dividido em três componentes principais: glóbulos vermelhos, plasma e plaquetas, para que possa ser armazenado e transportado com mais facilidade, e utilizado com mais eficiência. O fracionamento do sangue, como é chamado, resolve principalmente um problema de abastecimento, e não um problema médico. Na verdade, um estudo militar sobre as operações de combate dos Estados Unidos no Iraque e no Afeganistão entre 2004 e 2007 constatou que as transfusões de sangue total em soldados gravemente feridos aumentaram suas taxas de sobrevivência de forma considerável. No entanto, os hospitais são forçados a fazer um certo malabarismo em relação aos suprimentos limitados de sangue; parte do sangue que me foi dado iria expirar em poucas horas. Traumas graves são raros, mas, se vários pacientes com traumas chegarem a um hospital ao mesmo tempo, pode não haver sangue suficiente para todos.

O QUE

Durante desastres, como terremotos ou ataques terroristas, os suprimentos de sangue se esgotam e os médicos são forçados a decidir quem tem mais chances de sobreviver e quem não tem. A taxa de mortalidade para o tipo de hemorragia que eu tive varia entre 50% e 70%. Em um evento com grande número de vítimas e com recursos limitados de sangue, eu poderia ser sedado e deixado para morrer.

O dr. Wilson parecia estar demorando muito para inserir o catéter Cordis em minha jugular, e, enquanto ele trabalhava, comecei a perceber um poço escuro abaixo de mim, à minha esquerda. O poço era de um preto absoluto e tão fundo que parecia não ter profundidade alguma. Eu estava na maca, com o dr. Wilson de cabeça para baixo sobre minha cabeça, enquanto as enfermeiras e os médicos pareciam todos agrupados ao meu lado direito. Já ao meu lado esquerdo parecia não haver nada, exceto a escuridão que começava a me puxar. Ela exercia uma atração lenta, mas irrefutável, e eu sabia que, se entrasse naquele buraco, nunca mais voltaria.

Mais tarde, perguntei ao dr. Kohler o que estava acontecendo comigo naquele momento do ponto de vista médico. Ele disse: "Você estava se preparando para comprar a fazenda." (Acredita-se que o termo tenha vindo das famílias de soldados mortos, que usavam os benefícios do governo recebidos em caso de morte para quitar dívidas imobiliárias.) O dr. Cornwall, seu supervisor, estimou que eu estava a dez ou quinze minutos de uma parada cardíaca e da morte. Wilson ainda trabalhava no meu pescoço, e eu me sentia sendo puxado com uma força cada vez maior para a escuridão. E, justo quando parecia não haver escapatória, percebi algo mais: meu pai. Fazia oito anos que ele estava morto, mas ali estava ele, não exatamente flutuando, mas apenas existindo acima de mim, levemente à esquerda. Tudo relacionado à vida estava à direita do meu corpo, e tudo que tinha relação com esse lugar novo e assustador estava à esquerda. Meu pai exalava segurança e parecia estar me convidando a ir com ele. "Está tudo bem, não há nada a temer", parecia dizer. "Não resista. Vou cuidar de você."

Eu estava extremamente confuso com sua presença. Meu pai morreu aos 89 anos, e eu o amava, mas ele não tinha motivo algum para estar aqui. Como eu não sabia que estava morrendo, seu convite para me juntar a ele parecia grotesco. Ele estava morto, eu estava vivo e não queria nada com ele — na verdade, não queria nada com ninguém do lado esquerdo da sala. E eu não entendia por que o dr. Wilson estava demorando tanto para terminar seu trabalho.

"Doutor, você precisa se apressar", pedi. "Você está me perdendo. Estou indo agora mesmo."

E essa foi a última coisa de que me lembro por um longo tempo.

Já estava nevando quando saí do hotel, me recordo, e deixei minha mala com o recepcionista explicando que voltaria em alguns dias. Eu tinha 20 anos e tinha cigarros, algumas centenas de dólares e um passaporte norte-americano no bolso, além de um velho casaco de couro estiloso, mas que não me aquecia. Os estudantes estavam amontoados nos cafés e nos bares, e mulheres idosas vestindo preto passavam uma a uma pela rua de paralelepípedos, agora casadas com Deus, como dizem. Eu passei pela universidade, atravessei a Cidade Velha e cruzei o Tormes até a estação de trem.

O QUE

Havia trens rápidos para o leste, para Madri-Atocha e Ávila, e para o norte, para Valladolid, mas eu ia em direção a uma pequena linha que ia até as montanhas. Meu pai me contara que nas montanhas ao sul de Salamanca ainda havia ursos e lobos, e eu queria conhecer o lugar. Os republicanos lutaram contra os fascistas naquelas montanhas, depois no Escorial e, por fim, nas ruas de Madri. As montanhas ao sul de Salamanca eram chamadas de Sierra de Gredos. Estudei um mapa, escolhi uma cidade na direção de Béjar e comprei uma passagem.

Os trens locais não eram aquecidos e se moviam como carroças. Comprei um café e um xerez em frente à estação, observei a neve cair e entrei no meu trem quando os motores começaram a funcionar. Por um tempo, eu era a única pessoa no vagão. Observei os campos, as pequenas cidades e as colinas baixas passando. A neve caía mais forte à medida que subíamos, e então havia túneis, florestas de pinheiros cobertas pela neve e pequenos vilarejos congelados, sem ninguém por perto.

Finalmente, minha cidade chegou. Não lembro o nome, mas ficava em algum lugar depois de Béjar, cercada por campos e florestas e pelos picos baixos e austeros de De Gredos. Fui a única pessoa a descer do trem. O aço rangeu contra o aço, as rodas foram ganhando velocidade até eu ficar sozinho. Segui em direção ao centro da cidade, caminhando pela rua, pois o caminho de pedestres estava coberto por 2 metros de neve, e perguntei ao primeiro homem que vi onde poderia encontrar um hotel.

"No hay hoteles", disse ele. Perguntei se havia um restaurante, mas ele fez que não com a cabeça. "Hay un café", disse, gesticulando em direção à cidade. "Todo derecho. Pero cuidado com los militares."

Franco estava morto desde 1975, mas seus admiradores haviam feito a saudação fascista em seu funeral, e os militares e a polícia ainda tinham que trilhar um longo caminho. Agora, eu caminhava em direção à cidade, com a neve caindo e o crepúsculo tomando o mundo rapidamente. Fui até um grupo de jovens fumando sob a luz de um poste e eles mal abriram caminho quando tentei passar por eles para entrar no bar. Havia mais alguns lá dentro, em seus uniformes militares, fumando cigarros e bebendo cañas. Eles olharam para mim, o garçom do bar olhou para mim, e eu me virei e saí.

Era quase noite e já estava muito frio. Voltei pelo mesmo caminho e segui em frente até estar além de todas as casas e cercado por campos. No limite dos campos havia bosques de pinheiros e, muito mais adiante, as montanhas. Os pinheiros eram curvados como peregrinos encapuzados no Caminho de Santiago. Nos pequenos bosques, os pinheiros estavam repletos de galhos mortos e, seguindo o meu planejamento, a ideia era atravessar o campo em direção ao bosque e coletar lenha o suficiente para acender um fogo consistente na neve. Em seguida, acenderia um cigarro e fumaria enquanto avaliava a situação e, por fim, voltaria para coletar mais lenha. A neve sempre reflete um pouco de luz, e eu continuaria coletando lenha e alimentando o fogo até o amanhecer. Meus cigarros durariam a noite inteira, o que era quase tão reconfortante quanto a ideia do fogo. Eu já havia passado muitas noites em frente à fogueira e sabia que, se continuasse alimentando o fogo, ficaria bem. De manhã, eu pegaria um trem de volta para Salamanca.

Segui caminhando, tentando escolher o ponto em que sairia da estrada e entraria nos bosques. Um par de faróis passou por mim *vindo da cidade, e me preparei para sair da estrada, colocar os pés na neve e deixar o carro passar. Era possível ouvir o carro se aproximando, e minha sombra gigante oscilava e se agitava sob a luz dos faróis. Enquanto me preparava para pisar na neve, ouvi os pneus diminuírem a velocidade no asfalto.* Isso não é bom, *pensei. Agora o carro estava parando, e um homem estava se inclinando sobre o banco para abrir a janela do carona.*

"¿*Dónde vas?*", *ele perguntou. Tinha uns 50 anos.*

"*Salamanca.*"

"*Yo también.*"

Hesitei, em seguida abri a porta do carro e entrei. Do lado de dentro, a noite parecia já ter tomado o mundo.

"¿*Que estás haciendo aquí?*", *disse ele.*

Contei ao homem sobre os ursos e os lobos, e como os republicanos haviam lutado contra os fascistas nessas montanhas e depois no Escorial. Contei a ele que meu pai havia morado em Madri quando era criança, mas teve de fugir com a família com a chegada de Franco.

O homem balançou a cabeça. "*No hay lobos todavia*", *disse ele.* "*Ni osos.*"

Não há mais lobos, nem ursos; mas não fez menção aos fascistas. Ele poderia facilmente ter sido um deles, mas é claro que nem todos são pessoas ruins, *pensei. A família do meu pai tinha amigos próximos que eram fascistas. Levou algumas horas para voltar a Salamanca, e ele me deixou perto da universidade. A neve havia parado e os jovens estavam caminhando em casais e grupos pelas ruas de ângulos incomuns, rindo e conversando. Eu me sentia como se tivesse voltado do mundo dos mortos, não me sentia totalmente* visível. Fui até um bar que conhecia, pedi uma caña, me sentei e acendi um cigarro. Os estudantes ao meu redor eram da minha idade e pareciam muito felizes por estarem ali naquele momento de suas vidas jovens, com amigos ao redor e a noite tão bonita sob a neve nova. Eles me disseram que nevava o tempo todo nas montanhas, mas que era raro nevar aqui embaixo, nas planícies.

Eu me senti como se estivesse metade lá e metade agachado sob um pinheiro, alimentando uma fogueira. Uma pequena dose de sorte foi o bastante para evitar que isso acontecesse, e era quase como se as duas coisas estivessem acontecendo ao mesmo tempo e eu precisasse seguir em frente como duas pessoas diferentes. Haveria um universo onde eu teria passado a noite embaixo da árvore e regressado para fazer outras escolhas e levar uma vida totalmente diferente? Haveria outro universo onde eu morri congelado?

Quando cheguei em casa, disse ao meu pai que os lobos e ursos haviam desaparecido, mas que as montanhas pareciam mais selvagens do que nunca. "Pelo menos você foi", disse ele. "Isso é o que realmente importa."

Meu pai era uma estranha escolha como visita no leito de morte, e tenho certeza de que ele teria concordado. A inteligência que ele tinha era tão específica e literal que ele poderia facilmente ser visto como alguém simplório. Com seus olhos azuis brilhantes e belos traços mediterrâneos, parecia alguém muito à vontade no mundo dos humanos, embora muitas vezes entrasse nesse mundo como um mergulhador com 45 minutos de oxigênio e um cinto de pesos para se manter no solo. Isso acontecia sobretudo com os amigos de minha mãe, que eram, em sua maioria, artistas, iogues e adeptos da macrobiótica. Meu pai tinha roteiros para as conversas comuns e, quando se esgotavam, ele apenas fechava os olhos e começava a falar sobre os gregos antigos.

E esse foi o homem que apareceu acima de mim enquanto eu morria. Não era exatamente uma visão, mas uma massa de energia configurada de forma muito familiar como meu pai. Hesito até mesmo em descrever meu pai como "energia", já que essa era uma palavra que ele odiava, a menos que fosse usada em seu sentido científico apropriado: potencial de trabalho subatômico. No mundo da minha mãe, pessoas adoeciam quando havia uma energia negativa em seus corpos e melhoravam quando a energia positiva livrava o corpo das toxinas. A energia era uma metáfora de uso geral que explicava tudo, de relacionamentos ruins a câncer. Diante de tais proclamações, meu pai virava a cabeça para minha mãe, com os olhos azuis percorrendo a sala como um farol benevolente. "Que *tipo* de energia seria essa?", ele perguntava. "É mensurável?"

Meu pai amava minha mãe com uma devoção infantil, e minha mãe o amava de volta com uma espécie de impaciência maternal. Ela perguntava por que ele não podia simplesmente acreditar em algo que não compreendia, e eu observava meu pai franzir a testa e refletir sobre essa pergunta como se ela também pudesse ser útil de alguma forma hiper-racional. Se minha mãe realmente insistisse — o que ela nunca fez —, ele provavelmente teria respondido que acreditar em coisas que não entendemos é obediência ou desespero, e que nenhuma dessas coisas leva à verdade. Será que acreditaríamos em Deus se não morrêssemos?

Acreditaríamos em energia se todas as doenças pudessem ser tratadas?

A mãe do meu pai, Adrienne, nasceu em Salzburgo em 1900 e tinha irmãs gêmeas bem mais novas, chamadas Ithi e Withi. As três eram conhecidas pela beleza e foram criadas em uma família abastada, cercadas por alguns dos físicos mais ilustres da sua geração. Por alguma razão, uma revolução científica focada em partículas subatômicas havia sido iniciada no mundo de língua alemã, e muitos de seus luminares eram de Viena e Salzburgo ou viajaram para lá; tenho uma fotografia da minha avó em um vestido lápis e decote acentuado batendo papo com Einstein em um coquetel.

A Universidade de Viena e o Akademisches Gymnasium tinham professores brilhantes, formadores de alunos que vieram a ser professores em outras universidades e formaram outra geração de graduados. Um dos primeiros físicos de Salzburgo, Viktor Lang, foi pioneiro na física de cristais, o que deu origem ao trabalho de Franz Exner em eletroquímica e radioatividade e levou Marie e Pierre Curie a isolar o rádio. Como o trabalho deles resolvia problemas do mundo real, esses cientistas eram considerados "físicos aplicados". Eram os mecânicos do mundo científico; faziam coisas que podiam ser usadas na vida cotidiana. O trabalho de Carl Welsbach sobre o manto de óxido de tório levou à ampla disseminação do uso de iluminação a gás nas ruas.

Mais distantes do ponto de vista intelectual, estavam os físicos teóricos. Esses homens — eram quase todos homens — haviam se proposto a abrir o universo por meio do puro poder de seu intelecto, e sua nova ciência propunha uma entidade teórica, o átomo, do qual toda a matéria era composta. Os átomos não podem ser vistos a olho nu, pois são pequenos demais para refletir a luz, mas sua existência era a única explicação para as coisas que *podiam* ser vistas. E menores ainda eram as partículas subatômicas, que giravam em torno dos núcleos atômicos como planetas orbitando ao redor de uma estrela. Não havia nada menor na existência, e entendê-las poderia ser considerado o equivalente a entender Deus.

Eram homens estranhos, sob qualquer aspecto. Corria a história de que a esposa de um físico pedira para que ele trocasse o colarinho da camisa antes que os convidados chegassem para o jantar. O homem foi até seu quarto, tirou o colarinho da camisa, tirou a camisa, continuou a se despir por força do hábito, deitou em sua cama e apagou a luz. Pelo menos esse sujeito era casado. Paul Dirac, que descobriu a antimatéria aos 26 anos, estava em um transatlântico com um jovem físico chamado Werner Heisenberg, que perseguia avidamente as jovens a bordo. Em um grupo que não era conhecido por sua boa aparência ou elegância, Heisenberg se destacava como uma jovem e ousada exceção. Quando Dirac lhe perguntou por que ele dançava à noite, Heisenberg respondeu: "Quando há garotas agradáveis, é um prazer." Dirac pensou a respeito por um momento e então disse: "Mas Heisenberg, como você sabe de antemão que elas são agradáveis?"

O avô dessa loucura brilhante foi o físico austríaco Ludwig Boltzmann, cuja descoberta de que as moléculas de gás se dispersam proporcionalmente à sua temperatura foi fundamental para tudo o que se seguiu. Boltzmann demonstrou que o movimento molecular é determinado pela probabilidade, o que resulta em concentrações de moléculas que se dispersam até atingirem o equilíbrio com o ambiente. Se você despejar uma panela cheia de água fervente em uma banheira fria, as moléculas de água quente irão se espalhar até que sejam distribuídas de modo uniforme e aumentem ligeiramente a temperatura geral da banheira. O tempo não pode retroceder pelo mesmo motivo que a água fervente não pode se formar de novo em um canto de uma banheira fria, e os mortos não podem voltar à vida: a probabilidade aleatória jamais reunirá essas moléculas novamente em sua forma original. O ramo da física que teve Boltzmann como pioneiro foi chamado de mecânica estatística e explicava uma das leis fundamentais da natureza: a Segunda Lei da Termodinâmica, também conhecida como entropia.

Boltzmann sofria de depressão e, ao ver seu trabalho ser recebido inicialmente com ceticismo, partiu de férias para um resort à beira-mar, mandou a esposa e os filhos brincarem na praia e se enforcou no quarto do hotel. As implicações revolucionárias de sua obra só foram percebidas após sua morte. A cadeira de Boltzmann no Instituto de Viena foi ocupada por um de seus alunos, Fritz Hasenöhrl, cuja genialidade era tão bruta e poderosa que ele lecionava por horas sem qualquer anotação, simplesmente construindo verdades lógicas à medida que avançava. Quando a Primeira Guerra Mundial estourou, Hasenöhrl se voluntariou para lutar e morreu liderando um ataque em massa da infantaria na frente tirolesa.

Para trás ficou um jovem estudante chamado Erwin Schrödinger, que ouviu com fascínio Hasenöhrl provar que a massa e a energia determinam os valores uma da outra e, portanto, são a mesma coisa. ("A matéria é o espírito reduzido ao ponto da visibilidade — não *existe* matéria", como Albert Einstein diria mais tarde.) Schrödinger também se alistou no exército, assumindo o comando de um enorme canhão nas colinas acima de Trieste, tão potente que seus homens precisavam desenterrá-lo do chão depois de dispará-lo. No entanto, ele logo voltou da linha de frente e passou a maior parte de seu tempo lendo os últimos artigos de Einstein, ocasionalmente recebendo amigos de Viena. Por fim, Schrödinger voltou à universidade para retomar o trabalho que Hasenöhrl havia deixado.

Como a física quântica podia ser testada sem ser compreendida, ela permitiu que seres humanos vissem como o universo funcionava sem saber por quê. Naquele momento, a física era tão abstrata que beirava uma espécie de misticismo. Durante dois séculos, os cientistas confiaram que o mundo físico poderia ser compreendido porque podia ser medido, mas, em 1927, Werner Heisenberg demonstrou que as partículas subatômicas mudavam de comportamento quando observadas. Isso levou a questionamentos surpreendentes sobre se a matéria — e a realidade — era, em última análise, conhecível. Schrödinger esclareceu e aprofundou a questão ao mostrar que os elétrons — a unidade fundamental da existência — eram apenas uma série de probabilidades que só "colapsavam" em um determinado estado quando medidas por humanos. Como prova, ele ofereceu seu famoso *gedankenexperiment* — um experimento mental:

Coloque um gato em uma caixa de aço, junto com um isótopo instável com 50% de chance de sofrer um decaimento radioativo na próxima hora. Se o isótopo decair, liberará um gás venenoso que irá matar o gato. Quando a caixa for aberta uma hora depois, o gato estará vivo ou morto, mas até lá o gato morto e o gato vivo estão estatisticamente misturados em uma única "função de onda". Uma função de onda é uma descrição matemática de todos os valores possíveis para um elétron — incluindo a existência e a inexistência — e é representada pela letra grega *psi*. Se um gato pudesse tanto estar ali quanto não estar, o mesmo poderia acontecer com todo o universo, observaram alguns físicos, e não havia como provar o contrário.

Schrödinger acabou se casando com uma nativa de Salzburgo chamada Annemarie Bertel e se mudou para a Suíça a fim de escapar da política conturbada da Áustria pré-guerra. Ele mergulhou no estudo da mecânica quântica enquanto embarcava em uma série de casos amorosos paralelos ao casamento e à sua vida profissional sem parecer afetar nenhum deles. Annemarie não se incomodava com suas atividades porque ela mesma havia se apaixonado por um matemático alemão casado chamado Hermann Weyl, cuja esposa, por sua vez, havia se apaixonado por um físico suíço chamado Paul Scherrer.

Tendo seu casamento e sua vida romântica como ruído de fundo, Schrödinger abordou algumas das questões mais profundas da física. Convocando uma amante de Viena, ele se estabeleceu em um chalé na cidade turística suíça de Arosa e começou a abrir o mundo da física como uma lata de sardinhas. Durante as férias de Natal de 1925, ele descobriu as leis estatísticas que regem os elétrons, ou seja, escreveu uma espécie de código para toda a existência. As descobertas de Schrödinger

O QUE

surpreenderam a comunidade científica: era como se ele tivesse se comunicado com o próprio Deus. Depois de uma triunfante série de palestras em institutos de pesquisas alemães e suíços, Schrödinger retornou a Zurique, onde sua esposa havia providenciado hospedagem para um par de lindas adolescentes passarem o verão. As meninas eram Ithi e Withi Junger, as tias gêmeas do meu pai. As duas adolescentes estavam prestes a serem reprovadas em matemática, e Annemarie achou que o marido poderia gostar de dar aulas particulares para elas durante o verão. Ela conhecia a família Junger dos salões e jantares de Salzburgo.

A matemática na qual as meninas apresentavam dificuldades era de um nível tão elementar que Schrödinger precisou pedir conselhos ao amante de sua esposa para poder ensinar. Ao longo daquele verão, Schrödinger fez com que Ithi aprendesse álgebra e também se apaixonou por ela, uma paixão que só foi plenamente expressada quando ela completou 16 anos. Ithi tornou-se sua principal amante e engravidou dele, embora a situação logo tenha sido interrompida por um médico. Schrödinger tinha 41 anos e estava a caminho de receber o Prêmio Nobel de Física.

Durante todo esse período, a irmã mais velha de Ithi, Adrienne, se casou com um jornalista russo-espanhol chamado José Chapiro e se mudou para Dresden, onde deu à luz um menino chamado Miguel. Quase quarenta anos depois, em 1962, esse menino se tornou meu pai. Ele viveu toda a sua vida adulta em Boston e morreu segurando minha mão em casa aos 89 anos. Oito anos depois, em 2020, Miguel Junger apareceu em um centro de trauma em Hyannis, Massachusetts, um borrão estatístico como o gato de Schrödinger, entre um estado de ser e não ser, me convidando a acompanhá-lo no além.

Os médicos em Hyannis sabiam que eu estava com um sangramento no abdômen, mas não sabiam de onde vinha. Eles não podiam me tratar até descobrirem, mas eventualmente os órgãos falham, os pulmões e o tórax se enchem de líquido e o coração para. Você pode sobreviver a uma queda feia ou a um acidente de carro e morrer sufocado dias depois por conta de um edema pulmonar. A irmã de meu pai, Renata, se matou aos 16 anos ao se jogar da janela de um apartamento na cidade de Nova York, em 1947. Ela caiu quatro andares, mas aterrissou no teto de um carro, que amorteceu a queda. Quando recuperou a consciência e percebeu o que havia acontecido, ficou desesperada para viver, mas já era tarde demais. Seus pulmões estavam cheios de líquido e não havia nada que os médicos pudessem fazer. Renata morreu gritando por sua mãe, que estava fisicamente contida no quarto ao lado e chamando por ela. Seu padrasto permaneceu sentado, calmo, lendo um jornal até que tudo terminasse.

Quanto mais tempo demorassem para encontrar o sangramento e estancá-lo, mais transfusões de sangue eu precisaria e maior seria o risco de sofrer complicações fatais. A alternativa era me abrir e simplesmente começar a procurar, mas a taxa de mortalidade de uma laparotomia de emergência é tão alta que os médicos depois me disseram que teriam chamado a Barbara para vir me ver. Não seria assim que eles explicariam a ela, claro, mas todos os enfermeiros e técnicos da sala de cirurgia saberiam o que estava em jogo.

O QUE

Barbara chegou ao hospital por volta das 21h. Faltavam apenas alguns dias para o solstício de verão, e ainda havia alguma luz do dia no céu do oeste. As mariposas e os insetos de junho cercavam os postes de luz, e os barcos a motor balançavam em suas docas a uma quadra do hospital. Barbara colocou uma máscara, entrou apressada no pronto-socorro e explicou à enfermeira da recepção que o dr. Kohler havia lhe dito para vir ao hospital. Mas ninguém sabia o que fazer com ela, porque os protocolos da covid ainda estavam em vigor e nem mesmo os moribundos tinham permissão para receber visitas. (Na manhã seguinte, por coincidência, esses protocolos seriam suspensos.) Uma enfermeira finalmente a levou para o andar de baixo, para o que parecia ser uma enorme sala de descanso no subsolo. O ar-condicionado mantinha a sala congelando, e lá não tinha sinal de celular. Os funcionários do hospital entravam e saíam, e sempre que Barbara via alguém uniformizado perguntava por mim. Em desespero, ela chegou a perguntar a um faxineiro.

Por fim, uma jovem entrou na sala, e Barbara disse a ela que estava esperando notícias do marido. O nome da mulher era Charlotte, era uma estudante de medicina fazendo um estágio de seis semanas em Hyannis. Ela se lembrou de que um código vermelho havia sido acionado mais cedo naquela noite — sua primeira emergência hemorrágica — e imaginou que Barbara estivesse procurando por mim. "Os médicos ainda não sabem o que o seu marido tem", disse ela, estendendo a mão para pegar a de Barbara. "Mas ainda estão tentando descobrir."

Barbara se desculpou por tomar o tempo dela, e Charlotte explicou que queria ser médica para trabalhar com pessoas, não com partes do corpo. "Ela era uma luz brilhante", disse Barbara. "Ou um anjo. Contei a ela que tinha duas meninas em casa, e ela disse que era muito próxima da irmã e que ter duas meninas era a melhor coisa. Disse também que a mãe criou as duas sozinha, e tive uma sensação horrível de que aquilo era um sinal. Que tudo ficaria bem se eu tivesse que criar as meninas sozinha."

O anjo foi embora, mais pessoas entraram e saíram da sala, e, finalmente, um médico entrou correndo, gritando no celular: "É o pâncreas! É o pâncreas!" Barbara não fazia ideia de que ele estava falando de mim. O nome do médico era Dan Gorin, e ele era o cirurgião vascular que havia se juntado a um radiologista intervencionista chamado Phil Dombrowski. Os dois haviam sido chamados de casa. À medida que as horas passavam, a esposa do dr. Dombrowski começou a ligar para ele, a fim de garantir que ele tomasse bastante café para ficar acordado no caminho de volta à sua casa.

A ruptura foi em uma das pequenas artérias — uma arcada, como são chamadas — que fornece sangue para o pâncreas e o duodeno. Se a ruptura tivesse sido em uma grande artéria abdominal, como a aorta, ela teria sido encontrada com muito mais rapidez, mas eu já estaria morto. As artérias menores sangram mais devagar, mas são mais difíceis de localizar. Minhas lembranças desse momento são vagas e desconexas, como se eu tivesse tido permissão para ver cenas isoladas de um filme muito assustador. Eu sabia que algo ruim estava acontecendo, mas não o quê ou por quê.

Meses depois, uma paramédica me disse que eu quase fui intubado e colocado sob ventilação mecânica quando me receberam na sala de radiologia intervencionista. "E descartamos a ideia de um derrame no seu caso", acrescentou. O registro do procedimento mostra que cheguei ao Laboratório de Cateterismo nº 3 pouco depois das 21h, cerca de três horas após o início da hemorragia. Minutos depois, me pediram para soletrar meu nome e sobrenome, que foram confirmados na pulseira do hospital que eu usava. Também consenti com o procedimento ao qual estava prestes a me submeter, embora não me lembre de nada disso porque minha pressão arterial tinha acabado de cair para 64/59 — o limite da inconsciência.

Meu pulso também foi considerado "fino", o que significava que era fraco e difícil de encontrar; seu oposto é um pulso "cheio", que parece saltar e pode indicar outros problemas fatais. Seu pulso é sua vida, a prova definitiva de que você está vivo e tem algo caro a perder. Tudo o que é vivo possui algum tipo de fluxo e refluxo e, quando isso para, a vida para. Quando as pessoas dizem que a vida é preciosa, estão dizendo que a força rítmica que percorre todas as coisas — seu pulso, os pulsos de seus filhos, toda a terra verde de Deus — é preciosa. Durante toda a minha vida, meu pulso percorreu meu corpo com uma força tão silenciosa que nunca precisei pensar nisso. E agora eles estavam tendo problemas para encontrá-lo.

Fui levantado e colocado em um aparelho chamado fluoroscópio, que captura imagens em movimento em tempo real por meio de raios X. Às 21h24, o primeiro médico chegou. Quatro minutos depois, eu estava "preparado e coberto com uma capa estéril padrão", e os níveis do transdutor foram zerados e calibrados. O segundo médico chegou e um enfermeiro imediatamente raspou minha virilha direita, aplicando desinfetante e lidocaína, que entorpece o tecido. Dois minutos depois, o dr. Dombrowski inseriu uma agulha de micropunção na minha artéria femoral com uma sonda de ultrassom, como fizeram com a minha jugular, e fixou um introdutor percutâneo de 5 french de diâmetro no lugar. Eu sentia uma pressão estranha na virilha enquanto eles trabalhavam, mas não sentia dor.

A virilha direita é usada como ponto de acesso para cateteres porque a maioria dos cirurgiões é destra e prefere ficar com a mão direita mais próxima do paciente. ("Minha mão esquerda é basicamente uma nadadeira", admitiu um radiologista intervencionista a um colega, que repetiu a frase para mim.) Estabelecido o acesso à artéria, o dr. Dombrowski inseriu um microcateter na minha artéria femoral e o conduziu para cima, contra o fluxo sanguíneo, até a aorta abdominal. Os cateteres são fios ou tubos finos que acessam o interior do corpo navegando pelo sistema venoso. Eles possuem pontas anguladas que permitem que o cirurgião faça uma curva em uma artéria divergente e realize tarefas que, de outra forma, exigiriam cirurgia abdominal.

Foi injetado contraste em minhas veias antes da tomografia computadorizada para que o sistema vascular ganhasse visibilidade, mas minha cavidade abdominal estava tão cheia de sangue que os cirurgiões tiveram dificuldade em identificar o vazamento. A hipótese era que eu tinha um aneurisma — indolor e não diagnosticado — que havia crescido ao longo de anos ou mesmo décadas e acabou se rompendo. Se isso tivesse acontecido em um acampamento, em um engarrafamento ou em um voo transatlântico, eu teria morrido. Se eu estivesse tomando anticoagulantes, teria morrido independentemente de onde estivesse.

A artéria pancreática é um local estranho para um aneurisma, pois a pressão sanguínea é muito menor do que na aorta, mas os médicos notaram uma anomalia no meu abdômen que poderia explicar aquilo. Na parte superior da cavidade abdominal há um segmento de tecido fibroso chamado ligamento arqueado mediano. Na maioria das pessoas, o ligamento deixa espaço para o sistema vascular, mas cerca de dois em 100 mil indivíduos são diagnosticados com um ligamento muito apertado. A síndrome do ligamento arqueado mediano (SLAM) contrai a artéria celíaca de tal forma que o sangue tem dificuldade em passar para os órgãos digestivos.

A artéria celíaca, que tem 2,5 centímetros de largura, é responsável por irrigar todo o abdômen com sangue oxigenado. As pessoas descobrem que têm SLAM porque vão ao médico com problemas digestivos; a síndrome afeta as mulheres de forma desproporcional e pode causar tanta dor durante a digestão que elas acabam tendo distúrbios alimentares. O tratamento envolve cortar o ligamento para permitir que a artéria celíaca se expanda até o tamanho normal, ou forçar a abertura com um stent, mas isso pode levar a outras complicações. O tecido cicatricial pode voltar a comprimir a artéria celíaca, ou o ligamento pode simplesmente esmagar o stent.

O *meu* corpo, entretanto, descobriu uma forma de contornar o problema, o que fez com que eu permanecesse alheio a ele durante toda a minha vida. As artérias são fortes, mas elásticas, e são capazes de se dilatar sob pressão. Minha artéria celíaca estava completamente ocluída — esmagada — pelo ligamento, que forçou o sangue para artérias menores que suprem os órgãos digestivos. A pressão evolutiva resultou em um sistema vascular que não só é resistente, mas também redundante. Ao longo da minha vida, essas artérias menores, incluindo a arcada das artérias pancreáticas, se dilataram para lidar com o aumento do fluxo sanguíneo proveniente da artéria celíaca bloqueada. Era como se um acidente tivesse fechado as três pistas da Santa Monica Freeway, e os motoristas estivessem enchendo as ruas residenciais de ambos os lados para contornar o bloqueio. As ruas não podem se expandir, mas as artérias, sim. Elas se dilatam para permitir maior fluxo sanguíneo, e minhas artérias haviam se dilatado com tanto sucesso que meus órgãos recebiam todo o sangue de que precisavam. Em outras palavras, não havia engarrafamento nas ruas residenciais, e eu não tinha motivos para suspeitar de que algo estava errado. As artérias estavam extremamente retorcidas e dilatadas — durante um exame de acompanhamento meses depois, um técnico saiu correndo para chamar seu supervisor ao vê-las —, mas estavam cumprindo sua função.

Havia, porém, um ponto frágil que culminou em uma protuberância além da parede da artéria. A área envolvida era "do tamanho de uma uva", de acordo com um médico. À medida que a protuberância crescia, a parede da artéria se tornava mais fina e fraca, permitindo que ela se expandisse ainda mais. A pancreatite também pode corroer as paredes das artérias — com frequência, os sucos pancreáticos são comparados a ácido de bateria —, mas eu não apresentava outros sintomas de pancreatite além da dor abdominal. Quanto maiores forem os aneurismas, maiores as chances de se romperem, mas isso não se aplica à

O QUE

arcada pancreática; aneurismas pequenos são tão letais quanto os grandes. Dos 131 casos conhecidos de aneurismas pancreáticos verdadeiros, cerca de metade foi diagnosticada no hospital, com a artéria já rompida. Desses casos, um em cada quatro pacientes morreu na mesa de cirurgia.

O cateter que o dr. Dombrowski inseriu foi um Omniflush de 4 french que injetou contraste radiológico diretamente em minha aorta. O contraste apareceu na tomografia e revelou que o sangue estava se acumulando na artéria celíaca ocluída e sendo direcionado para a arcada pancreática, que estava "retorcida" e "alargada". Um microcateter foi colocado em três das artérias dilatadas, e o dr. Dombrowski por fim determinou que a ruptura havia ocorrido no "ramo pancreático da arcada pancreática-duodenal inferior", uma artéria menor e que raramente é problemática. A solução foi passar um cateter pela artéria e embolizá-la com uma série de bobinas que são deixadas no local para criar um coágulo sanguíneo maciço.

Mas o dr. Dombrowski não conseguia navegar pelas curvas e dobras do meu sistema vascular com nenhum dos cateteres. Eu não poderia continuar recebendo sangue de outras pessoas indefinidamente, em algum momento escolhas difíceis precisariam ser tomadas. "Certas coisas são muito assustadoras para os médicos também", me disse um radiologista intervencionista. "Ninguém quer que você morra no plantão deles... ninguém quer tomar a decisão errada e perder um homem saudável com a esposa esperando no subsolo."

Eu perdia e recobrava a consciência, mas me lembro de ter dito ao dr. Dombrowski e ao dr. Gorin que minhas costas doíam muito. O sangue é extremamente doloroso quando entra em contato com órgãos internos, e o meu sangue estava acumulado em uma área chamada bolsa de Morison, entre o rim e o fígado. Consta no registro do procedimento que descrevi a minha dor como "dez em uma escala de um a dez", o que me surpreendeu, pois admitir dor sempre me pareceu um pouco desonroso, como se fosse uma espécie de falha pessoal. A dor era comparável a uma pedra no rim ou a um osso quebrado, e eu estava chegando ao limite da minha resistência. Meus sinais vitais estavam muito baixos para receber uma anestesia geral, então me deram fentanil e Versed intravenosos.

Os médicos nunca davam atenção ao que eu dizia, mas havia uma enfermeira à minha esquerda que de vez em quando segurava minha mão e me ajudava a respirar. Em um determinado momento, a ouvi dizer: "Tente manter os olhos abertos, sr. Junger", e, quando perguntei o motivo, ela respondeu: "Para sabermos que você ainda está conosco." *Que coisa estranha de se dizer*, pensei. Meu cérebro estava atrapalhado e confuso, mas havia algo em "ainda está conosco" que conseguiu romper a dor e as alucinações e chamar minha atenção. De uma forma muito distante, por fim entendi que havia algo de errado comigo, algo que os dois senhores que estavam sobre mim talvez não conseguissem resolver. Eles poderiam seguir tentando até esgotar todas as possibilidades, e então eu morreria.

Entrar em pânico teria exigido muita clareza mental, mas uma espécie de pavor ancestral se apoderou de mim, como se meu corpo entendesse o que estava acontecendo de uma forma que minha mente não entendia. E foi aí que eu vi: uma troca de olhar longa e significativa entre o dr. Gorin e o dr. Dombrowski.

Um deles deu de ombros, e o outro simplesmente assentiu. Não era algo que eu deveria ter visto, e não conseguia acreditar que tinha visto. *Digam que vocês descobriram*, pensei. *Digam que, seja qual for o problema, existe um procedimento para corrigir, é isso que vocês vão fazer, e assim eu volto para minha família.*

Havia um procedimento, é claro — uma laparotomia de emergência —, mas o dr. Gorin me contou depois que era totalmente contra. Ele teria que abrir meu abdômen e escavar meus órgãos até chegar à arcada pancreática, quando então cauterizaria a artéria rompida e me costuraria outra vez. O olhar que eu tinha visto foi, muito possivelmente, o momento em que os dois médicos decidiram que não havia como me consertar com um cateter e que teriam de me mandar para a cirurgia. Mas eu estava debilitado demais pelas seis horas de perda de sangue, e havia uma boa chance de não resistir.

Então, um dos médicos disse: "Por que não tentamos entrar pelo pulso esquerdo?" E o outro respondeu: "Gosto do seu raciocínio." Muito provavelmente, foi o dr. Dombrowski quem pensou no pulso — sua especialidade é enfiar cateteres nas veias das pessoas e ele também é conhecido por seu brilhantismo cirúrgico. "Nós o chamamos de mágico", disse o dr. Kohler. "Ele seguiu o fluxo contrário com você porque não conseguia passar pela estenose da artéria celíaca. Ele foi no sentido oposto. Nadou contra a corrente como um salmão."

Isso ainda significaria forçar um cateter flexível através da minha artéria celíaca colapsada, mas poderia permitir um acesso direto à ruptura. As artérias que levavam ao meu pâncreas estavam tão alteradas devido à pressão sanguínea excessiva que estavam se mostrando impossíveis de serem navegadas. Às 23h20, as enfermeiras limparam meu pulso esquerdo e o anestesiaram com lidocaína, e o dr. Dombrowski inseriu uma agulha de micropunção na artéria radial com orientação por ultrassom. Um introdutor de 6 french foi inserido na radial até a subclávia e, em seguida, até a aorta abdominal, onde avançaram com um cateter-guia até o local da oclusão na artéria celíaca. O dr. Dombrowski forçou a passagem pelo bloqueio com um cateter Quick-Cross .014 e um fio-guia, e a artéria celíaca foi então forçada a se abrir com um cateter balão. Agora, finalmente, eles achavam que poderiam chegar à ruptura.

Foi mais ou menos nesse momento que comecei a ver rostos no equipamento. Eu estava em um fluoroscópio, que permitia ao dr. Dombrowski assistir a uma transmissão em tempo real do cateter se movendo pelo meu sistema venoso, e notei que o formato do braço suspenso parecia conter um rosto humano. Suas feições eram um pouco astecas em sua severidade, e ele olhava para mim como se eu tivesse cometido alguma traição mítica. Tentei desviar o olhar, mas o rosto estava perto e irritado demais para ser ignorado; eu teria de pagar o preço, seja lá o que tivesse feito.

Era uma sensação estranhamente familiar. Semanas depois — muito depois de eu ter voltado do hospital — enfim me lembrei de onde havia visto esses rostos antes.

Os combatentes vieram em nossa direção sem aviso prévio em lanchas de fibra de vidro movidas por enormes motores Evinrudes duplos, dando voltas furiosas no canal antes de atracarem os barcos na margem. Eles saltaram pela borda do barco prontos para a guerra, com metralhadoras Rachot 68 novíssimas na cintura e lançadores de foguetes nas costas. Eram homens sérios e calmos, com rostos bizarramente cobertos por tinta branca e bíceps cheios de amuletos, talismãs e estranhos objetos mágicos para protegê-los do perigo. Algumas das pinturas faciais eram perturbadoras demais para serem vistas por muito tempo. Um dos homens usava uma saia xadrez do estilo conhecido como George, e outro não usava nada além de um cinto de munição e uma cueca branca suja. Os demais usavam camuflagens desgastadas, camisetas e tecidos que mal poderiam ser chamados de roupas. Era uma reunião de pesadelos ambulantes, tudo o que há de mais aterrorizante para a psique humana, e sabe-se que soldados nigerianos, ao se depararem com eles, largavam suas armas e fugiam.

Eram guerreiros Ijaw do Movimento para a Emancipação do Delta do Níger (MEND, em inglês), e seu líder era um garoto esguio com uma túnica branca e turbante vermelho, que recebeu ajuda para sair do barco quase como se fosse uma criança. Ele fora escolhido em um sonho por Egbesu, o deus da guerra deles, para liderar os companheiros de guerra em combate. Egbesu ordenava que alguns homens liderassem por um dia e outros liderassem por meses, e, se o homem escolhido dissesse a verdade, os outros o obedeciam sem questionar. Se mentisse, Egbesu o matava. A única preocupação de Egbesu era a verdade e a justiça, e os Ijaw entendiam que esses objetivos às vezes exigiam violência.

Eu estava com um fotógrafo norte-americano chamado Mike e uma mulher do povo Ogoni que conhecia a área, e, quando o jovem líder se aproximou, nós nos levantamos como alunos penitentes. Ele entregou seu rifle a outro homem sem se dar ao trabalho de *olhar para ele e perguntou qual de nós se chamava Sebastian. "Sou eu", falei. Ele me entregou um telefone celular e disse que Jomo estava na linha.* Jomo *era o líder do MEND e havia rumores de que estava na África do Sul, a 5 mil quilômetros de distância. "Eu disse que você não poderia ir até os riachos", disse Jomo. Comecei a explicar, mas Jomo me interrompeu e me pediu para soletrar meu sobrenome. Eu estava em cima de um tronco, tentando preservar a última barra de sinal de celular que me conectava a Jomo, e soletrei meu sobrenome da forma mais calma possível. "Vou ligar para o pessoal da Ijaw em Nova York para saber mais sobre você", disse ele. "Não se preocupe, vai dar tudo certo."*

Entreguei o telefone de volta ao líder e me juntei a Mike em frente a uma cabana de palha. O vilarejo era tão pobre que não tinha nem telhas nos tetos. Depois de alguns minutos, um dos jovens se aproximou e apontou um dedo para o meu rosto. Ele era baixo, mas extremamente forte, e tinha o corpo inteiro pintado de branco. "Você", disse ele. "Vou matar você."

Aconteça o que acontecer, fique de pé, pensei; não deixe seus joelhos cederem. *O homem me encarou e depois foi embora. Esperamos, fumamos cigarros e observamos os homens em busca do menor sinal de que eles poderiam simpatizar conosco ou pelo menos decidir que não éramos uma ameaça. O MEND estava prejudicando o fornecimento global de petróleo ao invadir plataformas offshore e explodir oleodutos, e eles achavam que era apenas uma questão de tempo até que os norte-americanos viessem atrás deles. E então Mike e eu aparecemos. Depois de algum tempo, Jomo ligou de volta e disse a seus homens que nos deixassem ir embora. Meu nome havia sido confirmado por seus amigos Ijaw em Nova York, seja lá o que isso significasse.*

O QUE

Um dos homens havia pegado meu casaco corta-vento, então fui até ele e pedi para devolvê-lo. Não que eu me importasse com o casaco, mas parecia importante que eles não percebessem o quanto estávamos apavorados. Semanas depois, em Nova York, abri os olhos e vi todo o teto do meu quarto coberto com tinta de guerra Ijaw. Fiquei ali deitado olhando, paralisado, até que a visão desaparecesse. Não se pode visitar um lugar de tamanha violência e morte e não esperar que aquilo siga você até sua casa, *pensei; não se pode buscar o sofrimento de outro homem e não se tornar parte dele. Um dia, esse sofrimento pintará seu teto, ocupará sua mente e sequestrará seus sonhos. Um dia ele aparecerá nos equipamentos hospitalares acima da sua cabeça quando não houver mais nada a fazer a não ser esperar que Egbesu não tenha decidido que você estava mentindo o tempo todo.*

O cateter venoso foi inventado por um jovem médico alemão chamado Werner Forssmann, em um pequeno hospital da Cruz Vermelha nos arredores de Berlim, em 1929. Ele ficara obcecado com a ideia de acessar o coração sem cirurgia por meio de uma artéria, mas a sabedoria médica da época considerava o coração delicado demais para sobreviver a esse tipo de intrusão. Acreditava-se que qualquer coisa que tocasse a parte interna do coração provocaria uma parada cardíaca. Sem conseguir convencer o médico sênior do seu hospital a implementar a técnica em um paciente, Forssmann sugeriu tentar em alguém que estivesse morrendo. Quando essa ideia foi rejeitada, Forssmann decidiu realizar o procedimento em si mesmo.

Ele precisava de um assistente, então convenceu uma enfermeira do hospital a participar de seu esquema. A mulher, Gerda Ditzen, imaginou que o dr. Forssmann realizaria o procedimento secreto nela e ficou entusiasmada em ser a primeira pessoa a ter um cateter de borracha inserido em suas câmaras cardíacas.

Um dia, quando não havia cirurgias agendadas no hospital, ele pediu a Ditzen que levasse um bisturi esterilizado, uma agulha de grande calibre e um cateter ureteral para a sala de cirurgia. Os cateteres ureterais, usados para drenar a urina dos rins, eram finos o suficiente para caber em uma veia e longos o bastante para chegar ao coração.

Ditzen esterilizou o equipamento e seguiu Forssmann até a sala de cirurgia, onde ele a amarrou na mesa de operação para, em seguida, ficar atrás dela, fora de vista. De acordo com o relato do próprio Forssmann, ele passou iodo na parte interna do próprio cotovelo e injetou novocaína na área, e depois fez o mesmo com Ditzen, para que ela não suspeitasse de nada. A essa altura, o anestésico fizera efeito, e ele usou um bisturi para fazer uma incisão na veia antecubital, geralmente a escolhida para coletar sangue venoso, com a agulha. Trabalhando depressa, ele inseriu o cateter na agulha e começou a empurrá-lo pela veia, em direção ao coração.

Quando estimou que o tubo havia alcançado seu ombro, Forssmann deu a volta na mesa de operação para que Ditzen pudesse vê-lo. (Décadas depois, ele disse ao dr. Lawrence Altman que ela ficou furiosa com isso.) "Está feito", ele disse, e pediu que ela o acompanhasse até o laboratório de radiologia. Com um fluoroscópio e um espelho para se guiar, ele empurrou o cateter até as câmaras do próprio coração e ordenou que o radiologista fotografasse. Finalmente, ele tinha provas de que os cateteres podiam penetrar de maneira profunda no corpo humano.

O principal desafio de navegar pelo sistema venoso com longos tubos de borracha está em virar curvas nas veias e artérias menores, que em geral estão em ângulos retos. Os cateteres devem ser flexíveis o suficiente para fazer curvas, mas rígidos o bastante para superar resistências. Para que essa pequena mágica aconteça, os cateteres-guia têm uma cabeça em formato "cobra", levemente curvada, que pode ser girada em uma artéria ramificada — da artéria celíaca para a pancreaticoduodenal, por exemplo — e empurrada em uma nova direção. Em casos extremos, um "cajado de pastor" pode ser enganchado em um ângulo agudo e empurrado em um vaso colateral que esteja na direção oposta. Uma vez estabelecido o cateter-guia, um "supercateter" de maior acesso pode ser passado e usado como um túnel para cateteres menores entrarem e saírem, fazendo o trabalho real: inflar balões, embolizar rupturas, inserir stents e injetar contrastes radiológicos.

Minha artéria pancreática estava tão contorcida que, mesmo depois de forçar a abertura da celíaca com um cateter balão, o dr. Dombrowski não conseguiu chegar à ruptura. Felizmente, a vasculatura humana é tão redundante que é possível chegar a qualquer órgão por vários caminhos. Uma das principais tarefas de nosso sistema vascular é não sangrar até a morte — daí os fatores de coagulação, a reparação espontânea das artérias e a profundidade das artérias em nosso corpo —, mas outra é garantir que nossos órgãos recebam bastante sangue. Isso significa que o dr. Dombrowski poderia tentar uma última abordagem. De acordo com o relatório médico, ele introduziu o cateter "através da ramificação pancreaticoduodenal inferior da artéria mesentérica superior" até o "vaso colateral medial que surge da artéria esplênica proximal".

A artéria esplênica havia frustrado suas tentativas anteriores, mas, a partir desse novo ângulo, o dr. Dombrowski finalmente alcançou o local do sangramento ativo. Como a artéria estava aberta ao fluxo sanguíneo de ambas as direções, ele teria que bloquear as duas extremidades — a "porta da frente" e a "porta dos fundos". Ele usou microespirais que se assemelham a pequenos limpadores de cachimbo e fornecem uma estrutura para os coágulos sanguíneos. Os coágulos começam a se formar em minutos e acabam se transformando em uma massa densa de sangue morto e tecido cicatricial. É sabido que essas espirais podem se deslocar, vazar, voltar a sangrar e até mesmo ser levadas artéria abaixo, por isso os médicos examinam a área depois, para garantir que tudo ficou no lugar. Mas, por volta de 13h do dia 17 de junho de 2020, o dr. Dombrowski retirou seu equipamento da minha artéria radial, fechou a entrada da minha virilha com um dispositivo Celt de sutura arterial e observou que o sangramento no meu abdômen havia parado. O registro do procedimento indica que, à 13h20, "os médicos encerraram, procedimento invasivo concluído".

Biologicamente, eu deveria ter morrido seis meses após completar 59 anos, mas não morri. O dr. Dombrowski, o dr. Gorin, a equipe do hospital e toda uma gama de figuras obsessivas, estranhas e brilhantes, pioneiras em coisas como transfusão de sangue e cateterização venosa, impediram que isso acontecesse. Eu pertencia à primeira geração da história que poderia ser salva de uma hemorragia abdominal de forma confiável. Depois das terríveis visões que surgiram em meio aos equipamentos, minha lembrança seguinte era de Barbara em um corredor. Ela fora chamada na sala de espera do subsolo por um grupo de médicos e equipes médicas cansados. Eles a informaram que meu quadro era estável, mas precisaria ser levado diretamente para a UTI.

Minhas costas ainda agonizavam, e tudo o que eu conseguia pensar era que minhas súplicas haviam sido ignoradas pela equipe médica. Barbara era minha última esperança. "Por favor, massageie minhas costas", sussurrei, achando que as enfermeiras não me ouviriam, mas uma delas balançou a cabeça. "Só um pouco", implorei.

Fui levado para um grande elevador do hospital e para a UTI. Um círculo de quartos escuros cercava um posto de enfermagem central, e naquela escuridão dormiam as pessoas mais doentes do hospital. Eu me juntei a elas. Barbara se sentou ao meu lado e segurou minha mão até eu adormecer, e então uma enfermeira disse para ela ir para casa descansar um pouco. Barbara foi até o estacionamento quase vazio e dirigiu para casa em meio a uma névoa tão espessa que encobria quase todos os detalhes do mundo, exceto a linha amarela dupla que passava sob suas rodas.

Não tive sonhos na UTI, mas era como afundar em uma ampla escuridão sem contornos, que foi finalmente interrompida pelas vozes de duas mulheres acima de mim. Elas vinham de muito longe, tinham sotaque de Boston e estavam conversando sobre um homem muito doente, que no caso era eu. Abri meus olhos. "Bom dia, sr. Junger", disse uma delas. Ela olhou para mim sobre a cama, que tinha grades de proteção e uma mesa lateral. Um conjunto de cabos ia do meu peito até uma máquina acima da minha cabeça. A vista luminosa do porto de Hyannis se oferecia através das janelas em um dia muito pálido de verão. Uma vaga lembrança da noite anterior me veio à mente, como um conjunto de gárgulas estranhas e ansiosas esperando que eu me entregasse. "Você quase morreu ontem à noite", disse a enfermeira. "Na verdade, ninguém acredita que você está vivo."

Depois de alguns minutos, as enfermeiras continuaram suas rondas e me vi sozinho de novo. Um dia quente de junho tomava forma do lado de fora das janelas, e eu podia ouvir o movimento dos equipamentos pesados em um canteiro de obras em algum lugar abaixo. *Se tivesse morrido, tudo isso ainda estaria acontecendo, só que eu estaria em uma câmara refrigerada no andar de baixo*, pensei. Tentei imaginar como Xana entenderia a notícia. Papai morreu? Sim, querida. Quando ele vai voltar? Nunca mais. Por que não? Porque ele está morto. Por que ele morreu e não pode voltar?

Como tudo era novo para ela, Xana via as coisas com extraordinária clareza; na verdade, não temos ideia do que os mortos podem ou não fazer. Certa vez, depois de visitar um corpo de bombeiros de Nova York, ela me perguntou por que os bombeiros eram tão pequenos. Aquilo me pegou de surpresa — eles eram todos bem grandes, e um deles era de fato um gigante.

"Eles não são pequenos, são grandes", respondi. Xana pensou sobre isso por um momento. "Não comparados aos edifícios em que eles entram", disse ela. De alguma forma, Xana havia resumido a nossa relação com um vasto universo que parece não se importar ou sequer perceber se morremos. Como eu poderia ter quase morrido em um dia comum de junho com a saúde perfeita? Lembrei-me da viagem de ambulância, mas isso não explicava muita coisa, já que eu não me sentia muito doente. Em seguida, lembrei-me do centro de trauma, mas isso também não ajudou; não fiquei fazendo piada com os médicos? Por fim, lembrei-me do rosto do dr. Wilson acima de mim, de cabeça para baixo, pedindo permissão para furar meu pescoço. "Caso haja uma emergência?", perguntei. "Esta *é* a emergência", ele respondeu. Em seguida, perguntou se eu era claustrofóbico e, quando respondi que sim, ele disse: "Bem, é uma pena", e colocou um plástico sobre meu rosto. Finalmente alguém com senso de humor! E então, com relutância, eu me lembrei da grande escuridão lá embaixo, que começou a me puxar. "Doutor, você precisa se apressar, está me perdendo", lembrei-me de ter dito a Wilson. "Estou indo agora mesmo."

E, por fim, lembrei-me de meu pai. Eu estava consciente o bastante para conversar com o médico, o que significava que estava consciente o bastante para ficar intrigado com a aparição de uma pessoa morta no teto — sobretudo meu pai, que, de alguma forma, me incentivava a parar de lutar e ir com ele. *A escuridão vai vencer*, ele parecia dizer. *Não resista. Você pode vir comigo.*

Fiquei ali deitado, tentando fixar a lembrança de meu pai. De tempos em tempos, o telefone tocava no posto de enfermagem ou um paciente passava com uma enfermeira, arrastando um tubo de soro atrás de si, mas, fora isso, a UTI estava silenciosa. Fiquei ali deitado, pensando na morte pela primeira vez na vida. Não a morte nos meus termos — a energia de um acidente próximo, o alívio doentio de um golpe de sorte —, mas nos termos *dela*. O grande precipício contendo tudo e nada, inclusive seu pai morto. O precipício não tem pressa porque não precisa ter; ele apenas está lá. Você é quem tem pressa, correndo para um lado e para o outro até que, de repente, o precipício engole você, o quarto, o mundo e toda a luz que há nele. Pensei *nessa* versão da morte pela primeira vez. A versão que não é uma coisa; a versão que é absolutamente nada.

Minhas costas ainda estavam em agonia, e pensei que talvez me sentisse melhor se rolasse para o lado. Precisei de toda a minha força de vontade para conseguir fazer isso e tive que puxar o emaranhado de cabos comigo. Um acesso intravenoso foi colocado no meu braço direito e meia dúzia de eletrodos foram colados ao peito, que havia sido raspado com esse intuito. As informações apareciam como uma série de altos e baixos irregulares em um monitor acima da minha cabeça. Mais tarde naquela manhã, meu abdômen convulsionou sem aviso e um jato espetacular de sangue escuro saiu da minha boca e encharcou a cama. Deve ter sido possível ouvir do corredor, porque uma enfermeira disse "ai meu Deus" e houve uma agitação, com duas mulheres me rolando de um lado ao outro para trocar os lençóis.

O QUE

A enfermeira que havia dito que eu quase morri voltou para me visitar cerca de uma hora depois. Era uma mulher de meia-idade e dava a impressão de ser compassiva, mas também muito profissional, como se a morte não fosse grande coisa e talvez não valesse a pena ser tão dramático a respeito. Ela perguntou como eu estava. "Estou bem", menti. "Mas não consigo acreditar que quase morri ontem à noite. É aterrorizante."
Ela me analisou por um momento. "Em vez de pensar nisso como algo assustador", disse ela, "tente pensar nisso como algo sagrado."

Eventualmente, todos vamos contemplar o vazio. Quando tinha 20 anos o vazio era fascinante por ser assustador, e eu estava decidido que não deveria ser. A estrada terminava de vez em uma cidade fronteiriça chamada Guelmim, no extremo norte do Saara, e além dela havia mais de mil quilômetros de deserto. Chovia um pouco e estava muito frio. Não havia turistas, policiais ou hotéis em Guelmim, apenas jovens fumando haxixe e soldados de aparência soturna. Os soldados lutavam contra um grupo de nômades do deserto conhecido como Frente Polisário pelo controle de um estranho território vazio chamado Saara Ocidental, e fazia pouco tempo que o rei do Marrocos decidira resolver o problema escavando uma barreira de areia de 1.300 quilômetros no deserto. Eu viajava com uma mulher chamada Sarah, que conhecia desde sempre. Não éramos primos ou irmãos, mas poderíamos muito bem ser. Já estava quase escuro e entramos na primeira hospedaria que vimos, mas um garoto loiro chamou minha atenção através da fumaça e da luz entrecortada e balançou a cabeça.

Voltamos para a chuva e encontramos outra hospedaria que parecia mais segura. Dormimos com nossas roupas e começamos a caminhar para o sul de manhã cedo. Era como se estivéssemos deixando o porto para navegar mar adentro. Passamos por prédios de concreto inacabados na periferia da cidade, pilhas de lixo fumegando na manhã acre, meninos jogando futebol em campos de terra e mulheres em silêncio nos observando por trás de véus. Por fim, estávamos no deserto rumo ao sul, atravessando um terreno duro, ocre, em direção a uma série de colinas. A vegetação era rasteira e parecia morta. Atravessamos um amplo pântano, invisível até estarmos bem em cima dele, depois caminhamos pela manhã até chegar a um afloramento rochoso que havíamos avistado uma hora antes. De lá, chegamos à beira de uma vasta bacia que se estendia até o horizonte e, bem distante naquele vale, havia um grupo disperso de camelos e uma única tenda marrom. Era uma tenda nômade, com dois suportes e a aba frontal levantada. Um leve rastro de fumaça vinha do acampamento, e descemos do afloramento através de suas bordas de areia fina e vermelha para ver o que era.

Guelmim era o maior mercado de camelos do sul do Marrocos, e os homens que traziam seus animais para vender no norte eram saarauís que viviam fora do alcance da autoridade governamental. Eram descendentes de saqueadores árabes chamados Benu Hilal e Beni Salama, que haviam emigrado do Egito no século XI. Eles atacavam as caravanas de ouro e escravos que se deslocavam ao longo das grandes rotas do deserto, lutavam contra as tribos berberes locais e acabaram estabelecendo um domínio vasto e fluido, que não reconhecia nenhum poder externo ou lei colonial.

Os saarauís eram conhecidos por vestirem tecidos azuis finos que deixavam a pele brilhante, os homens andavam armados com rifles, pistolas e facas, e as mulheres andavam sem véu, ao contrário das esposas de agricultores e comerciantes do norte. Faziam joias de prata para negociar nas cidades do deserto, escravizavam, assaltavam e conduziam rebanhos para seu sustento, e viviam em tendas de pelo de camelo que podiam ser erguidas ou desmontadas em uma hora. Alguns eram tão claros quanto os europeus e considerados a classe alta da sociedade saarauí, enquanto outros eram menores, mais escuros e trabalhavam como servos devido às suas origens mais ao sul, em Mali e Níger.

Dois homens se levantaram para nos cumprimentar quando nos aproximamos. A tenda deles era marrom, queimada pelo sol, esticada sobre dois mastros cruzados e presa nas bordas por pedras. Um pedaço de pau mantinha a entrada aberta, e nela havia uma sela de camelo feita em madeira e couro. Os homens não pareciam preocupados nem ameaçadores, e mantinham suas mãos vazias, assim como nós. Eles acenaram em direção à fogueira e colocaram um bule de chá para ferver, como manda a tradição; nos sentamos com as pernas cruzadas, acenamos e sorrimos. Sarah entendia um pouco de árabe e eles sabiam um pouco de francês, mas nossos gestos foram responsáveis por boa parte da conversa. Um dos homens era alto, de pele clara e muito bonito, quase como um galã de cinema, o outro era mais velho e de pele mais escura. O galã parecia ser o dominante entre os dois, e serviu as quatro xícaras de lata com um gesto elaborado, longo, distribuindo cada uma delas de modo delicado, pois as xícaras estavam quentes e não tinham alças. Em seguida, distribuiu cigarros e os acendeu *para nós, que bebemos o chá e fumamos tabaco enquanto tentávamos nos explicar.*

Era o meio da tarde, Sarah e eu tínhamos pouco tempo para voltar à cidade. O galã apontou para o leste e fez um gesto indicando o nascer do sol — amanhã, imaginamos — e, em seguida, apontou para Sarah e para mim e fez um sinal de saudação. Ele estava nos convidando a voltar. Caminhamos de volta para a cidade no crepúsculo veloz, empacotamos tangerinas, pedaços de chocolate e rodelas de pão-folha e partimos na tarde seguinte, pouco antes do pôr do sol. A noite chegou rapidamente e nos vimos mergulhando em uma escuridão vazia, sem estrelas nem luzes da cidade para nos guiar. Apenas o ranger de nossas botas no cascalho nos lembrava de que existíamos. Por fim, vimos uma inusitada estrela laranja no horizonte que parecia se aproximar à medida que caminhávamos, e logo saímos da escuridão para o círculo familiar da luz da fogueira deles.

O chefe nos fez sentar e logo pediu aulas de inglês, enquanto o outro cuidava do fogo. O cozinheiro tinha preparado um bom ensopado de legumes e, depois de orarmos, ele o serviu diante de nós em um grande tajine de barro, do qual comemos juntos, à moda do deserto. Não havia nada na tenda que não viesse do deserto, exceto uma jarra de água de plástico e um mosquete de pederneira. O mosquete era para proteger os camelos.

A parte da frente da tenda foi fechada para a noite, e Sarah e eu fomos conduzidos a uma pilha de roupas de cama de pele de cabra. Presumiram que éramos casados, o que não desmentimos. Antes de dormirmos, o chefe explicou que, em cinco dias, eles viajariam até o sul para se juntar ao seu povo no deserto e voltariam

O QUE

a Guelmim em seis meses com outro rebanho de camelos para vender. Se quiséssemos nos juntar a ele, seríamos considerados seus convidados. *Fui dormir ouvindo ele praticar seu novo idioma em voz alta à luz de velas.*

Manhã. Um vazio cinzento. Todos dormem ao meu redor. Eu me desenrolo das peles de cabra e saio. Um vento do norte varreu as nuvens e o grande conjunto de estrelas no céu está desaparecendo rapidamente. Começo a correr pelo deserto com minha calça jeans e meu suéter rumo ao leste, na direção do dia seguinte. Antes de dormir, Sarah disse que não poderia ficar, mas que explicaria tudo aos meus pais se eu decidisse permanecer, e agora corro pelo deserto para descobrir o que farei. Sou ou não o tipo de pessoa que desaparece no deserto com os comerciantes de camelos do Saarauí por seis meses? Essa parecia ser uma diferença fundamental entre as pessoas. Corro por 1 ou 2 quilômetros e paro em uma pequena elevação que me dá uma visão de onde vim. Demoro um pouco para identificar a tenda. Ó Deus, teu mar é tão vasto e tão pequeno meu barco, como diz a oração.

Tenho a sensação de que, seja qual for a minha escolha, farei essa mesma escolha pelo restante da vida. Se eu arriscar tudo para descobrir o que não sei, então sempre farei isso. Se voltar atrás, sempre voltarei atrás. O desconhecido é um lugar de mistério ou terror? Sou o bastante para mim mesmo ou eternamente escravo de minhas origens?

Acontece que o deserto não tem nenhuma visão a oferecer sobre mim que eu já não saiba. Desço a colina trotando e volto para a planície enquanto o sol frio de inverno nasce atrás de mim. O chefe está reclinado em sua djellaba, fumando um cigarro e gritando suas orações matinais. Mas ele faz uso de seu novo vocabulário, então "God-u-akbar! God-u-akbar!" ressoa pelo deserto. Sarah e eu arrumamos nossas malas, abraçamos cada um dos homens dando a eles um canivete suíço, que eles permanecem estudando quando partimos para o norte. Deixamos uma versão de nós mesmos para trás e retomamos de onde paramos com as versões antigas, nossos sósias mais corajosos agora condenados para sempre à nossa imaginação e ao que poderia ter sido.

Barbara chegou no final da manhã, e a vi caminhar até a cama e se ajoelhar para ficar no mesmo nível que eu. Seu rosto era um mapa de medo, alívio e exaustão. "Você parecia muito fraco, como uma pessoa mudada", ela me disse mais tarde. "Havia algo assombrado em você — o espectro da morte. Parecia tão fraco que eu não sabia se algum dia iria se recuperar."

Barbara ficou no hospital o dia inteiro, me observando perder e recobrar a consciência. Eu sentia muita dor e não conseguia manter uma conversa coerente. Ligamos para minha irmã na Inglaterra, mas fiquei exausto e sem fôlego após algumas palavras. De vez em quando, Barbara circulava pelo andar da UTI e fazia perguntas à equipe de enfermagem, e percebeu que estavam olhando-a de um jeito específico. *É isso que acontece com as viúvas — esse é o olhar que elas recebem*, pensou. Era como se agora ela pertencesse a uma categoria diferente por ter sido tocada pela morte.

Durante aquela primeira hora, entrando e saindo de um estado de lucidez, contei à Barbara sobre o fosso preto e meu pai. Nos meses que se seguiram, cheguei a duvidar de minha memória — e até a me perguntar se havia inventado tudo —, mas Barbara confirmou que fora uma das primeiras coisas que contei. "Você estava tentando organizar o que aconteceu", disse ela. "E se lembrou de tudo sequencialmente. Você viu o fosso e espalhou para as pessoas vivas ao seu redor que algo estava puxando você. Como se estivesse pendurado no parapeito de uma janela, olhando para baixo. E você me disse: *Meu pai estava lá*. Você ficou muito surpreso e intrigado. Não parecia ser uma coisa boa ou ruim; parecia apenas um fato."

Barbara passou seis horas no subsolo do hospital esperando que os sumos sacerdotes da medicina lhe dissessem se ela ainda tinha um marido, mas ela não entendeu realmente o quão perto eu estive da morte até conversarmos. "O fosso — *você está me perdendo* — e ver seu pai morto, tudo isso fez com que para mim caísse a ficha de que você iria morrer", disse ela. "Não me surpreende que você tenha visto os mortos. Não porque eu tenha fortes crenças sobre isso, mas porque não tenho nenhuma descrença."

Naquele primeiro dia, Barbara sabia que eu ainda poderia morrer facilmente; sua irmã mais velha havia colocado um stent por causa de um aneurisma dissecante da aorta e morreu dormindo alguns dias depois. Eu poderia morrer de um derrame, embolia pulmonar, edema pulmonar ou qualquer outra reação à transfusão. Quando o dr. Gorin passou para ver como eu estava, Barbara perguntou se naquele momento minha vida estava ameaçada.

"Não", disse ele. "Fizemos a transfusão, descobrimos o problema e resolvemos."

Ele certamente pode ter dito isso para o meu bem. Com muita ajuda de Barbara e da enfermeira, finalmente consegui me sentar na beirada da cama. O esforço exigido foi tão extraordinário que me senti como se tivesse quebrado algum recorde mundial. Eu me despedi de Barbara com facilidade, como as pessoas fazem quando não estão pensando em morrer, e depois me deitei e voltei a pensar na morte. E se eu tivesse saído para correr no bosque em vez de ficar em casa? E se eu tivesse mandado os paramédicos embora em vez de ir ao hospital? Enquanto o céu do entardecer empalidecia em tons de laranja e azul e as luzes do porto se acendiam do lado de fora da minha janela, me dei conta de que não era capaz de evitar as lembranças da morte. Eu a havia contemplado. Sentido. Comecei a me transformar nela. Meu pior medo — além de morrer — era que, por ter chegado tão perto da morte, ela agora me acompanhasse por toda parte como um animal de estimação macabro. Ou, mais precisamente, eu era agora o animal de estimação, e meu novo mestre estava parado, em silêncio, com a coleira, me vendo ficar sem tempo.

Descobrir se um olhar pleno e desimpedido na direção da morte esmaga a psique humana ou a liberta era uma questão em aberto. Poderíamos dizer que são as pequenas ambições da vida que destroçam nossas almas e que, se tivermos a sorte de vislumbrar as gárgulas de nossa descida final e voltarmos vivos, estamos realmente a salvo. Cada objeto é um milagre comparado ao nada, e cada momento é uma infinitude quando entendido de forma correta que é tudo aquilo que teremos. A religião faz o possível para transmitir isso por meio de uma vida inteira de devoção, mas um bom vislumbre da morte pode ser tudo o que precisamos.

Quando o escritor norte-americano Herman Melville embarcou em um navio baleeiro de nome *Acushnet* em 1841, havia um homem negro a bordo chamado John Backus, famoso por ter pulado de um bote de caça em pânico. Seus companheiros de tripulação tiveram que suspender a caçada para salvá-lo. *Acushnet* significa "lugar de descanso tranquilo à beira d'água" em wampanoag, mas, na realidade, cada navio baleeiro era um mundo brutal em si. A indústria baleeira matava homens aos montes, os capitães eram muitas vezes homens sádicos enlouquecidos, e membros da tripulação pulavam no mar ao primeiro vislumbre de terra. O próprio Melville abandonou o navio nas Ilhas Marquesas e foi capturado por canibais, que o mantiveram preso por quatro meses antes de entregá-lo a um baleeiro australiano.

Acredita-se que John Backus tenha sido a inspiração para o personagem Pippin no épico *Moby Dick*, de Melville. Pip, como é chamado, é um jovem negro que trabalha como grumete no navio baleeiro fictício *Pequod*. Um dia, Pip é convocado para servir em um bote de caça, mas, assim que uma baleia é arpoada, ele entra em pânico e pula no mar. O arpoador, um homem chamado Stubb, é forçado a cortar a linha — e perder a baleia — para que Pip não morra. No entanto, ele avisa Pip que, da próxima vez, escolherá a baleia.

"Mas estamos todos nas mãos dos Deuses", como Melville observou. "Pip pulou outra vez." Fiel à sua palavra, Stubb não corta a linha, e o barco de caça logo é puxado para longe pela baleia. Pip se encontra em um mar quente e calmo, nadando sem esforço, mas completamente sozinho. Há 5 quilômetros de água abaixo dele, acima, está o céu como uma abóbada, e nenhum ser vivo à vista. Uma hora se passa e, por um estranho acaso, o *Pequod* se depara com Pip, que é levado a bordo pela tripulação. Embora esteja vivo, ele viu Deus e ficou imbecilizado. "O mar zombador tinha-lhe poupado o corpo finito, mas afogara o infinito de sua alma", escreve Melville. "Não a afogara por completo. Antes a levara viva para as profundezas maravilhosas. (...) Viu o pé de Deus no pedal do tear e falou com ele; e por isso seus companheiros de bordo consideraram-no louco. Assim, a insanidade do homem é a sanidade do céu."[1]

Depois disso, Pip percorreu o convés do *Pequod* oferecendo uma recompensa por si mesmo, como se fosse um escravizado fugitivo que precisava ser capturado e levado de volta para casa.

---

[1] Herman Melville, *Moby Dick*, trad. Irene Hirsch e Alexandre Barbosa de Souza, São Paulo, Cosac Naify, 2008, p. 435 (N. do T.).

SE

Em julho de 2012, um médico de combate chamado Tyler Carroll foi destacado para a província de Logar, no leste do Afeganistão. Carroll fazia parte do Primeiro Batalhão, a Companhia Dog da 173ª Brigada Aerotransportada, e a missão de sua unidade era circular pela área desmontando as bases norte-americanas. Todos os dias, um pelotão cuidava da segurança do perímetro, outro patrulhava a região e um terceiro fazia o desmonte da base e atuava como uma força de reação rápida. Como médico, Carroll foi treinado para lutar ao lado de todos os outros até que alguém fosse baleado ou atingido por uma explosão, momento em que ele abaixava o rifle e abria sua bolsa de primeiros socorros.

Em alguns casos, o tiroteio é tão intenso que os médicos se veem lutando e cuidando dos feridos ao mesmo tempo. Há vezes em que os médicos se veem atendendo aos feridos mesmo quando eles próprios estão feridos. Médicos gravemente feridos já morreram tentando instruir outros soldados sobre como salvar a vida de outra pessoa ou a própria. A possibilidade de não conseguir salvar um companheiro é tão devastadora que muitos temem isso mais do que morrer, e as inevitáveis baixas em combate podem causar a esses médicos trauma e culpa que duram uma vida inteira.

A Companhia Dog era uma unidade de armamento pesado que deveria se deslocar em veículos blindados de combate, mas o terreno era tão acidentado que a maioria das patrulhas era feita a pé. Isso os tornava vulneráveis aos guerrilheiros do Talibã nos terrenos elevados, e os homens da Companhia Dog se viam sob fogo cerrado vindo das cordilheiras quase todos os dias. Certa tarde, o pelotão de Carroll fazia exercícios com munição real em uma pequena base no distrito de Kherwar quando uma granada disparada por foguete explodiu ao lado de um soldado chamado Jason Moss. Carroll correu para lá, agarrou Moss pela alça de arrasto de seu colete à prova de balas e o puxou para dentro de um contêiner próximo. O aço fino do contêiner não conseguiria deter uma bala, mas ofereceria algum bloqueio visual em relação aos guerrilheiros do Talibã, que estavam logo acima. Três outros soldados seguiram Carroll e, assim que entraram, foram envolvidos em outra explosão. Dessa vez, um morteiro de 40 milímetros que abriu um buraco no contêiner e pulverizou todos os que estavam dentro com estilhaços de metal.

Carroll olhou através da poeira e viu que todos os outros homens estavam caídos. *Merda, estão todos mortos*, pensou. "Não estava nem um pouco assustado", disse Carroll. "É muito estranho. Não estava nem um pouco assustado, estava totalmente calmo. Foi uma confiança e uma clareza surreais."

Carroll perguntou quem podia se levantar, e vários homens se esforçaram para ficar de pé. Os feridos gemiam, os homens do lado de fora gritavam instruções e toda a base estava sob fogo intenso de armas automáticas. Carroll perguntou se alguém conseguia andar, e um homem chamado Armando Alvarado disse que sim. Carroll ordenou que Alvarado corresse até o centro de comando da base para conseguir uma equipe com macas. Alvarado saiu correndo, apesar do ferimento de estilhaço no peito que perfurou seu pulmão; ao chegar ao centro de comando, a 50 metros de distância, estava tossindo sangue, à beira da morte. Enquanto isso, no contêiner, Jason Moss pressionava a perna e perdia sangue.

Quando começou a cuidar de Moss, Carroll percebeu que outro soldado, chamado Theodore Glende, também estava ferido. Glende estava inconsciente no chão, e Moss começou a gritar para que Carroll ajudasse Glende primeiro. "Fui até meu amigo Glende e o sacudi, mas ele não emitia nenhum som", disse Carroll. "Ele estava sem vida — aquele olhar, consigo reconhecer de imediato. Eu nunca tinha visto uma pessoa morta até aquele momento, mas soube na hora. Ele estava olhando para uma realidade completamente diferente."

Carroll tirou o colete e a camisa de Glende, e vários litros de sangue jorraram do corpo dele. (Os médicos descobririam mais tarde que um pequeno estilhaço havia se alojado entre suas omoplatas e cortado a aorta, matando-o quase de imediato.) Encharcado com o sangue de Glende, Carroll notou o que parecia ser um órgão abdominal caído ao seu lado no chão. Ele o pegou, perguntando-se de quem teria vindo, colocou-o de volta no chão e continuou tentando salvar a vida de Glende. Sem pulso carotídeo, sem pulso radial, sem resposta a nada. Carroll tentou virar Glende para examinar suas costas, mas descobriu que não conseguiria, porque seu braço esquerdo não funcionava. Ele não conseguia movê-lo de forma alguma. Outro soldado olhou para Carroll e disse: "Doutor, você não parece bem."

"Foi quando uma onda enorme me atingiu", disse Carroll. "Eu estou ferido. Glende está morto. Meu outro amigo está morrendo. Isso tudo é responsabilidade minha, e preciso agir."

Na verdade, Carroll também estava sangrando muito. Os estilhaços haviam dilacerado seu ombro, e o tecido humano perto dele no contêiner era, na verdade, parte de seu próprio deltoide traseiro. Mesmo assim, ele ainda estava consciente e decidiu iniciar a reanimação cardiopulmonar e aplicar uma solução intravenosa em Glende e em Moss. Assim que começou a tirar o equipamento da bolsa de primeiros socorros, ele caiu, inconsciente. Alguns momentos depois, acordou, continuou trabalhando, desmaiou e acordou novamente. As memórias de Carroll trabalhando em seu amigo morto eram contínuas e ininterruptas, e ele não tinha ideia de que estava alternando entre períodos de inconsciência.

"Eu fiquei muitas vezes inconsciente de joelhos", explicou Carroll. "Eu acordava e voltava a tratar meu amigo sem perceber que estava morrendo."

Durante esse crepúsculo neurológico, Carroll teve uma visão extraordinária. Toda a sua vida se apresentou a ele simultaneamente e em grande detalhe, como se 21 anos de experiência pudessem coexistir fora do tempo linear. "Minha vida inteira passou diante de meus olhos, do nascimento até aquele momento", disse Carroll. "Pensei em minha esposa. Em minha mãe. Pensei em quanto amor eu tinha por elas. E então, de repente, havia uma urgência — não, não, acorde! E eu voltava a tentar tratar Glende de novo. *Eu sou o médico, preciso sobreviver para que esses caras sobrevivam.* E então, minha realidade interior surgia novamente: *Está tudo bem. Solte. Você foi amado. Você amou. Nada mais importa.* Havia apenas essa aceitação total do que estava acontecendo."

Carroll havia entrado em choque hemorrágico, e quando a equipe de maca chegou o encontrou tão pálido e sem sangue que a pele estava translúcida. O médico sênior perguntou a Carroll se ele estava bem, e ele acordou e disse: "Glende tem um pequeno ferimento nas costas, a poucos centímetros da coluna, Moss tem uma hemorragia femoral", e voltou a dormir. Toda vez que o despertavam, Carroll dava o mesmo relatório médico e voltava a dormir. A equipe colocou Carroll na maca, o carregou de volta para a base e começou a tratá-lo no corredor. Eles cuidaram de seus ferimentos, administraram soro e solicitaram uma evacuação médica, enquanto observavam alarmados o corpo de Carroll começar a ter espasmos. Ele estava entrando em hipotermia, o último esforço de seu corpo para permanecer vivo. Um helicóptero Blackhawk aterrissou na base e os feridos foram embarcados. Glende estava morto, mas Moss, Carroll e Alvarado ainda tinham uma chance. O helicóptero decolou e foi alvo de fogo terrestre assim que saiu do chão. Carroll viu um cume de montanha passando do lado de fora da grande porta do helicóptero e pensou: *Se conseguirmos passar por isso, vamos sobreviver.*

A visão de Carroll foi nomeada "revisão de vida" por pesquisadores que estudam a experiência subjetiva da morte. Os avanços da medicina moderna têm permitido que as pessoas "voltem dos mortos" regularmente, por assim dizer, e muitas que o fazem relatam visões e experiências extraordinárias de sua viagem para o outro lado. Um estudo holandês com 344 pessoas que sobreviveram a uma parada cardíaca constatou que entre 12% a 18% delas tiveram experiências profundas e marcantes no limiar da vida: encontros com entes queridos mortos, ser conduzido por um túnel de luz, existência fora do corpo e a sensação de ser preenchido com amor e felicidade. A revisão de vida é uma das mais poderosas e reconfortantes dessas visões. Ela é caracterizada pela convicção de que você tem um conhecimento abrangente de todas as coisas e pode reviver toda a sua vida simultaneamente. "Quando minha expansão terminou, eu estava em todos os lugares, eu era tudo ao mesmo tempo", lembrou uma mulher. "Eu era o céu, o chão, as árvores e sentia o vento soprando em minhas folhas, eu era o mar e também era meus pais, meus amigos, pessoas que eu não conhecia antes, mas que, naquele momento, eu conhecia porque faziam parte de mim."

Um ex-combatente de incêndios florestais chamado Ken Senn me contou que sofreu uma hemorragia abdominal enquanto caçava com seu filho nas Montanhas Bitterroot, em Montana. Caleb, seu filho, havia deslocado o ombro ao tentar ajudar o pai em um terreno acidentado, de modo que os dois foram forçados a passar a noite perto de uma fogueira em temperaturas abaixo de zero, na esperança de que os socorristas os encontrassem antes que morressem. Ken não estava totalmente funcional devido à perda de sangue, e Caleb estava em estado de choque por conta do ombro deslocado. Ao amanhecer, Caleb saiu para tentar encontrar uma estrada. "Depois que Caleb partiu, fiquei em paz, pois sabia que ele ficaria bem", disse Senn. "Mas eu sabia que estava morrendo. Foi então que as montanhas começaram a se mover, a se agitar. E percebi que o mundo inteiro estava vivo, tudo estava vivo. Vi todos aqueles animais abaixo de mim e todos estavam morrendo, e eu sabia que um dia também iria morrer, mas estávamos todos ligados. E me senti em paz porque sabia que meu corpo pertencia à terra. O Anjo da Morte estava sussurrando em meu ouvido."

A semelhança com diversas experiências religiosas é impressionante. O renomado iogue Paramahansa Yogananda descreve o momento de sua iluminação quando era um jovem estudante na Índia: "A alma e a mente perderam instantaneamente suas amarras físicas e fluíram como se fossem líquidas... a carne parecia morta; no entanto, em minha intensa consciência, eu sabia que nunca antes tinha estado vivo de maneira tão plena. Meu senso de identidade não estava mais confinado a um corpo, mas abrangia os átomos ao meu redor. As pessoas em ruas distantes pareciam se mover de forma suave sobre meus próprios limites remotos. As raízes das plantas e das árvores apareciam por meio de uma sutil transparência do solo; eu podia discernir o fluxo interno de sua seiva... Uma glória crescente dentro de mim começou a envolver cidades, continentes, a Terra, sistemas solares e estelares, nebulosas tênues e universos flutuantes."

Yogananda foi recebido pelo ex-presidente norte-americano Calvin Coolidge como uma das figuras religiosas mais importantes do novo século. Alguns pesquisadores apontam as semelhanças entre as chamadas experiências de quase morte e a religião como evidência de uma vida após a morte, mas é igualmente possível que as religiões tenham essas características porque é assim que as pessoas vivenciam a morte. Ao que tudo indica, há centenas de milhares de anos as pessoas retornam do mundo crepuscular do choque hemorrágico e da baixa oxigenação sanguínea e fazem relatos sobre encontrar os mortos, pairar fora do próprio corpo e vivenciar uma consciência universal. Experiências do tipo poderiam ser o resultado de alterações neuroquímicas no cérebro que está morrendo, mas ainda assim confundidas com viagens reais para o pós-vida. Uma crença mundial em espíritos poderia então se desenvolver, abarcando uma casta especial de xamãs, sacerdotes e feiticeiros atuando como intermediários entre o pequeno e belo mundo dos vivos e as vastas extensões dos mortos.

Pouco se sabe sobre o que acontece no cérebro de uma pessoa que está morrendo, mas pesquisadores da Estônia tiveram essa oportunidade em 2022. Um homem de 87 anos caiu, bateu a cabeça e sofreu um hematoma subdural. Cirurgiões da Universidade de Tartu aliviaram a pressão sobre o cérebro abrindo um buraco em seu crânio, mas o paciente desenvolveu epilepsia e entrou em coma. Os médicos colocaram eletrodos em seu crânio para monitorar a atividade elétrica em seu cérebro, mas não conseguiram salvá-lo. Ele sofreu uma parada cardíaca e não foi reanimado, de acordo com o desejo de sua família. Os eletrodos, no entanto, deram aos pesquisadores uma visão inédita da atividade elétrica de um cérebro humano moribundo.

Nos trinta segundos antes e depois da morte, o cérebro do paciente experimentou um pico de ondas gama associadas à recuperação da memória, concentração intensa, estados dissociativos e sonhos. Ratos de laboratório experimentam o mesmo pico de ondas gama quando morrem. A enxurrada de lembranças vivenciadas por Tyler Carroll enquanto ele perdia e recobrava a consciência em uma base de operações avançadas no Afeganistão pode ser uma característica comum a todos os mamíferos, e a vantagem evolutiva pode estar simplesmente no fato de proporcionar uma última e convincente motivação para permanecer vivo.

Pesquisadores militares também produziram memórias e visões semelhantes em pilotos de caça ao acelerarem centrífugas humanas nas quais eles estavam, até deixá-los inconscientes. A perda de consciência induzida pela gravidade — G-LOC, em inglês — começa a ocorrer em acelerações cinco vezes superiores à força da gravidade, e os aviões de combate modernos podem atingir quase o dobro dessa aceleração em menos de um segundo. Nessas condições, um homem de 90kg pesa, de fato, quase uma tonelada. Perder a consciência ao pilotar um caça a duas vezes a velocidade do som é obviamente catastrófico, e os pesquisadores da Força Aérea aceleraram os pilotos de teste até os deixarem inconscientes mais de mil vezes para determinar os limites do desempenho humano. "Você não pode morrer sem perder a consciência", observou o dr. James Whinnery em um artigo intitulado "Psychophysiologic Correlates of Unconsciousness and Near-Death Experiences" (Correlatos psicofisiológicos da inconsciência e das experiências de quase morte). Whinnery acrescenta: "Todos deveriam, portanto, ter algum interesse na perda de consciência, já que irão experimentá-la pelo menos uma vez."

Os pilotos perdem a consciência sob uma força G elevada porque o sangue é forçado na direção do abdômen e de outras áreas flexíveis do corpo, e o coração não tem força suficiente para bombeá-lo de volta. Primeiro, os pilotos experimentam um "apagão", depois uma visão em túnel, seguida por uma cegueira total e, por fim, a perda da memória. A essa altura, eles estão completamente inconscientes e experimentam devaneios breves e surreais, semelhantes aos que Tyler Carroll vivenciou. E, como Carroll, eles não entendem que estão perdendo e recobrando a consciência. Um piloto pensou estar flutuando em um oceano quente sob um lindo sol amarelo; outro deixou o centro de testes ainda sentindo que estava "acima e atrás de si mesmo, observando o próprio corpo caminhar".

A parada cardíaca faz a mesma coisa que o G-LOC, mas, se a circulação não for retomada em minutos, as células cerebrais começam a morrer. Os socorristas usam *ambus* — um substituto mecânico para a ressuscitação boca a boca — para forçar a entrada de oxigênio nos pulmões e fazem compressões torácicas para impulsionar o sangue pelo corpo. Isso mantém o cérebro irrigado com sangue oxigenado o suficiente para evitar a morte celular. No hospital, os médicos aplicam choques nas vítimas de ataques cardíacos com um desfibrilador, colocam-nas em um ventilador mecânico para ajudá-las a respirar, injetam adrenalina e, por fim, abrem o peito e tentam massagear o coração para que ele volte à vida. A taxa de sobrevivência de uma parada cardíaca é de cerca de 10%.

Médicos dirão que uma pessoa vive ou morre por motivos biológicos — falência de órgãos, necrose celular, perda de sangue —, mas muitos sobreviventes afirmam lembrar-se desse momento como uma "decisão". Eles alegam que lembram-se de olhar *para baixo*, na direção dos médicos que estão tentando salvá-los, muitas vezes com perplexidade, e nem sequer reconhecem o corpo à beira da morte como sendo deles. O que os médicos, enfermeiros e familiares consideram ser um desfecho trágico, aqueles à beira da morte geralmente vivenciam como uma expansão infinita. Eles costumam dizer que reentraram em seus corpos apenas porque os vivos ainda precisavam deles.

Tenho uma amiga que, em seus setenta e poucos anos, sofreu uma parada cardíaca em um acidente de carro. Foi uma colisão frontal com os dois carros a 60km/h, e minha amiga diz não se lembrar do impacto: em um momento ela estava dirigindo, no outro, estava correndo por um campo de lindas flores. "Eu estava correndo em direção a dois amigos falecidos há muito tempo, nos quais não pensava havia anos", ela me disse. "Meus braços estavam abertos e eu estava cheia de alegria, mas, pouco antes de alcançá-los, me senti sendo puxada de volta para o meu corpo."

Os paramédicos tinham acabado de desfibrilá-la. Por algum milagre, ela sofreu o acidente bem em frente ao corpo de bombeiros de sua pequena cidade.

Quando tive minhas visões, meu coração batia e eu ainda estava conversando com os médicos. Em vez de me elevar acima do corpo ou de me reunir alegremente com meus entes queridos, um buraco negro se abriu e meu falecido pai tentou me escoltar através dele. Ainda mais perturbador, porém, foi o sonho que tive 36 horas antes de quase morrer. Minha esposa e minhas filhas estavam abaixo de mim, mas fora do meu alcance para sempre, e eu seguia rumo a um vazio infinito que agora parecia me dominar e que nunca me deixaria voltar.

Meu pai morreu de insuficiência cardíaca congestiva aos 89 anos e, alguns dias antes de sua partida, fui acordado no meio da noite por um sonho igualmente inexplicável. Ele estava em Boston e eu em Nova York, e ainda assim fui arrancado do sono com ele gritando meu nome como se estivesse no quarto ao lado. Eu me levantei e olhei confuso para o relógio: eram 3h15. Por fim, voltei a dormir, mas fui acordado algumas horas depois por um telefonema da minha mãe. Ela me disse para ir até Boston o mais rápido possível, pois meu pai havia tentado se jogar da cama.

"Teo disse que ele estava tentando fugir", disse minha mãe. "Isso é sinal de que ele está em seus últimos dias."

Teo era uma enfermeira de cuidados paliativos que havia se mudado para a casa dos meus pais. Ela era de Uganda e já havia presenciado dezenas de mortes. Perguntei à minha mãe a que horas meu pai havia feito aquilo, e pude ouvi-la repetir a pergunta para Teo.

"Às 3h15", disse minha mãe.

Quando cheguei a Boston, arrastei um sofá para o quarto do meu pai a fim de poder dormir ao lado dele. Naquela noite ele acordou muito agitado, e segurei sua mão, acalmando-o até que voltasse a dormir. Seus olhos azuis reumáticos me olhavam como se fossem os de uma criança pequena, cheios de amor e alívio. Na manhã seguinte, minha mãe e eu mostramos a ele fotografias de sua infância. A Espanha em 1936, antes da chegada dos fascistas. Sua mãe elegante, de pé em cima de um carro durante um festival de rua em Córdoba, com o prefeito da cidade a seus pés. Renata, sua irmã mais nova, antes da tragédia. Seu pai, bonito e arrogante, com um cigarro pendendo nos lábios.

Ao meio-dia, a amiga mais antiga do meu pai chegou, uma espanhola chamada Teresa, que ele havia conhecido em Paris depois de fugir da Espanha. Ela ficou sentada segurando a mão dele enquanto o observava dormir. "On s'est bien aimé, eh, Miguel?", disse ela. "A gente se gostava muito, não é?"

Teo continuava puxando as cobertas para verificar os pés do meu pai. "Começou", ela anunciou por volta do meio-dia. Perguntei o que ela queria dizer. "Os dedos dos pés estão azuis. Não estão recebendo oxigênio suficiente. Logo os pés vão ficar azuis, depois as pernas. Quando esse azul chegar ao coração, ele vai morrer."

Meu pai faleceu tranquilamente no início da tarde e, depois que os agentes funerários o levaram, minha mãe e eu bebemos xerez em copos altos de vidro verde que estavam nos armários da cozinha desde que eu era criança. Era início de abril e o sol brilhava, mas não estava quente. A cidade ainda não havia varrido a areia e o sal acumulados durante o inverno, e a ventania dava um ar sombrio às ruas. Teo foi embora e, naquela noite, decidi dormir no sofá do quarto do meu pai pela última vez. Seu leito de morte estava lá, uma engenhoca hidráulica com a forma de seu corpo ainda marcando o colchão, e me peguei com o estranho pensamento de que, se alguma parte de meu pai ainda permanecia no quarto, eu não queria que ele ficasse sozinho.

Deitei-me no sofá, mas não consegui dormir, então sentei-me e escrevi o que estava pensando. *O preço de amar alguém é ter de perdê-lo*, escrevi. *O preço de viver é ter de morrer*. Apaguei a luz e por fim caí em um sono leve, mas, de repente, meu pai estava me chamando de novo. Dessa vez, ele estava vindo de cima, como se surgisse diretamente do céu noturno. Balancei as pernas para fora do sofá e acendi a luz com o coração batendo forte; eram 3h15.

O problema da racionalidade é que as coisas continuam acontecendo sem explicação, e eu nunca fui capaz de explicar os sonhos que tive com meu pai. Mas talvez não precisasse; talvez fossem apenas o tipo de coincidência em que as pessoas adoram encontrar significado. Meu pai era um racionalista devoto que ainda assim acreditava que os seres humanos têm alma e que cada alma existe brevemente como uma entidade própria, como uma onda no oceano. As almas são feitas de algo que ainda não entendemos, dizia ele, e as ondas são apenas pulsos de energia que se movem através de um meio. Meu pai acreditava que, quando morremos, nossas almas são incorporadas de volta à vasta matéria das almas do universo, como as ondas são incorporadas de volta ao mar. Ele não acreditava em nada tão simplório como o céu ou tão extravagante como a reencarnação, mas também nunca olhava para as estrelas porque achava a imensidão esmagadora.

No primeiro dia, fiquei sentado, no segundo, fiquei de pé e, no terceiro, andei. Eu era como um filme em *time-lapse* do desenvolvimento infantil. Já muito tarde na segunda noite, vinte e quatro horas depois de chegar à UTI, acordei na quietude dos bipes com minha frequência cardíaca em 120. Tentei acalmar a respiração de forma deliberada, mas não conseguia fazer com que o monitor de frequência cardíaca se alterasse; era como se eu estivesse correndo uma maratona na cama. Lutei contra o pânico. E se meu coração não conseguisse acompanhar o ritmo? E se eu ficasse sem ar?

Por alguma razão, eu estava convencido de que os problemas respiratórios eram culpa minha e que por isso não deveria chamar e incomodar as enfermeiras. Havia uma grande campainha vermelha ao lado da minha cama, mas eu via aquilo como o botão de "desisto", e não como o botão de "preciso de ajuda". Decidi que, se eu chegasse até o amanhecer, ficaria bem. Observei o ponteiro dos minutos do relógio de parede avançar dez minutos, depois vinte. Eu me sentia como um peixe encalhado na praia tentando respirar pelas guelras. Dez minutos depois, apertei o botão. Um jovem atlético usando um conjunto de moletom azul entrou para ver o que estava acontecendo. Perguntei de onde ele era e ele disse: "Nigéria." Contei a ele que tinha estado lá há muito tempo e que não conseguia respirar. Ele franziu a testa, olhou para o monitor e aumentou meu oxigênio para cinco. Depois, saiu apressado da sala.

Quando você recebe muito sangue, sofre um acidente de carro ou um impacto severo, a cavidade torácica pode se encher de líquido e asfixiá-lo por falta de espaço para os pulmões se expandirem. Ou você pode desenvolver pneumonia — uma infecção e acúmulo de líquido nos pulmões — e se afogar. Há muitas maneiras de morrer após uma grande transfusão de sangue, e a crise pulmonar é uma das mais comuns e rápidas. O enfermeiro da noite voltou com um médico que fez uma ligação e consultou outros médicos, e, por fim, uma equipe de transfusão chegou. Um deles tinha uma bolsa de concentrado de hemácias entre as mãos, como se fosse um grande bife cru. Eu me deitei na cama com os olhos arregalados e as narinas dilatadas como um cavalo de corrida.

Eles fizeram a transfusão e me sedaram, e, na manhã seguinte, acordei com o dr. Wilson aos pés da minha cama. Ele colocou um estetoscópio em meu peito e pediu que eu respirasse, depois falou com outro homem que parecia ser um técnico e saiu do quarto. Meia hora depois, um jovem chegou com um aparelho de raio-X de tórax portátil. Ele me examinou e disse que eu apresentava indícios de um colapso da parte inferior dos pulmões; sem tratamento, isso pode levar à pneumonia bacteriana e à morte. As pessoas morrem regularmente na UTI por coisas banais como pneumonia depois de sobreviverem a coisas extraordinárias como acidentes de carro, ferimentos a bala e quedas de grandes alturas.

O acúmulo de líquido é uma ameaça constante, e algumas pessoas ficam tão inchadas que seus braços e pernas parecem minúsculos em comparação ao restante do corpo — "sapos de trauma", como são conhecidos. Fui medicado com antibióticos intravenosos para evitar infecções e diuréticos para drenar o excesso de líquido, e no dia seguinte já conseguia dar uma volta completa na UTI apoiando no suporte que sustentava meu soro e meu monitor cardíaco. No quarto dia, eu já conseguia dar tantas voltas que começava a receber olhares das enfermeiras. Na manhã seguinte, fui liberado para a enfermaria. "Paciente monitorado na UTI e posteriormente transferido para o andar após incrível melhora", dizia meu prontuário. "Andar" se referia aos quartos comuns do hospital, onde não se acredita que os pacientes corram risco de morte.

Recebi alta do hospital depois de dois dias no tal andar. O velho atleta que havia em mim queria sair andando, mas as enfermeiras insistiram em uma cadeira de rodas até a entrada do hospital, onde eu poderia fazer o que quisesse. O dia estava incrivelmente quente, e Barbara me levou de carro pelo centro de Hyannis com os vidros abaixados e o ar-condicionado ligado. Eu queria me lembrar de como era o cheiro do mundo. Tudo em que conseguia pensar no caminho de volta para casa era quanto tempo levaria para voltar ao hospital, caso fosse necessário. Daríamos meia-volta e correríamos para lá ou encostaríamos o carro para chamar uma ambulância? Nas primeiras saídas da rodovia, faria mais sentido dar meia-volta, mas, eventualmente, teríamos de confiar na emergência. Fiquei pensando que, se há uma semana a equipe da ambulância estivesse atendendo outra chamada, eu teria morrido. Equipes de ambulância não podem colocar um cateter Cordis na sua jugular ou realizar uma transfusão de sangue; tudo o que podem fazer é administrar soro e dirigir mais rápido.

Uma hora depois, estávamos em casa. O caminho de terra batida estava duro devido ao calor de junho, e as poças estavam secas. Um pedaço de papel brilhante preso a uma árvore dizia: "SEJA FELIZ! Estamos esperando você, venha para casa!" Mais alguns desenhos esperavam por mim, e eu já estava chorando antes de sair do carro. Barbara me levou para dentro da casa e me sentou em uma cama. Eu tinha conseguido.

Descobrir-se vivo depois de quase morrer não é, ao que parece, a festa que imaginamos. Você percebe que não voltou à vida, apenas foi apresentado à morte. Certa vez, fui atingido por uma explosão em um veículo Humvee no Afeganistão e não me feri porque a bomba explodiu sob o bloco do motor e não no compartimento da tripulação — uma diferença de cerca de 3 metros. Fiquei cheio de adrenalina nas horas seguintes e depois entrei em uma depressão que durou dias. Fiquei paranoico com quase tudo: onde me sentava, por onde andava, o que estava atrás de mim. Foram os 3 metros que me pegaram — o fato de que "tanta coisa poderia ser determinada por tão pouco", como escrevi em meu caderno naquela noite.

Eu estava acostumado com a ideia de que o perigo poderia me matar, mas não que meu próprio corpo também; o fato de eu ser atlético e saudável deveria ter encerrado a questão. Eu não tinha nenhuma das condições que costumam derrubar os homens de meia-idade e, no entanto, foi exatamente isso que aconteceu. Ninguém está isento. Conheço um jovem que começou a ter dores de cabeça. Ele fez uma tomografia no cérebro, os médicos disseram que ele estava bem, mas, por acaso, um neurologista viu as imagens e recomendou mais exames. A rodada seguinte revelou um aneurisma enorme que poderia matá-lo a qualquer momento. Os cirurgiões o levaram às pressas para a cirurgia e alcançaram o aneurisma *no momento em que ele começou a se romper*. O médico fez a clipagem do aneurisma e salvou a vida do jovem. Foi uma questão de segundos.

A arbitrariedade da morte parece significar que a vida tem pouquíssimo valor, a menos que você inverta a equação e perceba que qualquer existência repleta de garantias pode ser menosprezada com muita facilidade. De certa forma, a sociedade moderna tem o pior dos dois mundos: vidas que podem acabar num instante, porque isso sempre foi verdade, e a ilusão de uma continuidade garantida. Do ponto de vista biológico, eu deveria morrer aos 58 anos devido a uma ruptura da artéria pancreática. Minha chance de sobrevivência não era a mesma de uma roleta-russa — confortáveis 83,3% — nem a de um combate ou mesmo a de um câncer. Talvez, minha chance fosse de 10% a 20% quando finalmente cheguei ao hospital, e muito menor antes disso, devido às condições aleatórias que determinam quem vive e quem morre: se eu havia corrido naquele dia, se a ambulância estava atendendo outro chamado, se o dr. Dombrowski já tivesse ido dormir. (As estatísticas indicam ser mais provável que você morra às 3h do que às 15h, porque os médicos sêniores tentam evitar os plantões da madrugada. Quando um radiologista de Manhattan conduziu um exame de acompanhamento em mim, ele presumiu incorretamente que minha vida havia sido salva durante um turno diurno no NYU Langone. "Você tem sorte disso não ter acontecido no meio da noite", disse ele. "Ou no Brooklyn.")

Mas não morri, e isso me fez pensar em como nomear essa nova parte da minha vida. Os anos extras que retornaram para mim eram aterrorizantes demais para serem belos e preciosos demais para serem comuns. Uma semana depois de voltar para casa, me vi sentado em uma janela olhando para uma macieira no quintal. Os galhos balançavam ao vento, e pensei que estariam balançando exatamente da mesma forma se eu tivesse morrido, só que não estaria aqui para vê-los. O momento estaria totalmente fora do meu alcance. Por fim, Barbara perguntou se eu me sentia sortudo ou azarado por ter quase morrido, e eu não sabia o que responder. Esse conhecimento especial era uma benção ou uma maldição? Será que eu voltaria a funcionar normalmente?

A palavra *blessing* (bênção) é derivada da palavra anglo-saxônica para sangue — *bledsian* — e contém em seu significado a ideia de que não há grande bênção sem sacrifício, e talvez vice-versa. A associação pode remontar aos sacrifícios rituais da Europa pré-cristã, bem como à santificação do solo por meio de batalhas. "Não podemos dedicar — não podemos consagrar — não podemos santificar este solo", como Abraham Lincoln observou nos campos de batalha de Gettysburg, em 1863. "Os homens corajosos, vivos e mortos, que lutaram aqui o consagraram muito mais do que nosso pobre poder de acrescentar ou retirar." A luta final, é claro, é com Deus. Em Gênesis, Jacó luta com um homem às margens de um riacho, sem saber que seu adversário é o próprio Deus. Ao amanhecer, Deus se cansa da luta e desarticula o quadril de Jacó tocando sua coxa, mas Jacó se recusa a soltá-lo. "Não te deixarei ir, se não me abençoares", diz Jacó.

Deus cede, e Jacó volta mancando para casa, abençoado entre os homens, mas mutilado para o restante da vida.

Durante um exame de acompanhamento um ano depois, o radiologista identificou uma massa de 5 centímetros em meu pâncreas. Ele a chamou de neoplasia, que é um termo médico para um novo tecido que não deveria estar lá. Era quase certo de que se tratava de um aglomerado de sangue velho e tecido cicatricial do sangramento original, mas, como disse um médico, "não é porque você teve um aneurisma rompido que não pode ter câncer de pâncreas". O câncer de pâncreas é praticamente uma sentença de morte, por isso passei o verão fazendo um exame atrás do outro. É muito fácil provar que se tem câncer, ao que parece, e quase impossível provar que não se tem. Como os resultados a cada novo exame eram inconclusivos, mergulhei em uma espécie de insanidade existencial. Cada pôr do sol, cada jantar, cada história para dormir ganhava um peso terrível, já que eu poderia estar morto em três meses. Os médicos começaram a parecer sacerdotes indiferentes, que detinham poderes terríveis. Os portais médicos se tornaram portais para o grande vazio. Quer saber se você vai viver ou morrer? Basta acessar o site do hospital e descobrir. Tudo o que você sempre quis saber está à sua espera lá. À espera de todos nós.

Todos os dias, eu alternava entre um estado quase entorpecido de gratidão e o pânico, e vice-versa. Barbara disse que não aguentava mais me ver assim e fez a excelente observação de que eu tinha a oportunidade de experimentar as percepções de uma doença terminal sem — quase que certamente — ter de pagar o preço. O que eu estava aprendendo? O que eu tiraria dessa experiência? Meu pai continuou lendo livros de história até suas últimas semanas de vida. Eu ainda praticaria instrumentos se as notícias fossem ruins? Leria? Correria? Qual seria o propósito — mas, pensando bem, qual é o propósito de qualquer forma?

Se a prova definitiva de Deus é a própria existência — o que muitos afirmam ser o caso —, então um verdadeiro estado de graça poderia ser viver o momento presente de maneira tão plena e completa que você ainda estará lendo seus livros e entoando suas canções quando os guardas vierem buscá-lo ao amanhecer. O passado e o futuro não possuem uma realidade tangível em nosso universo; ou a criação de Deus existe momento a momento ou não existe, e nossa única chance de imortalidade pode estar em vivenciar cada um desses momentos como a impressionante extravagância que eles de fato representam. Mas como isso é possível? Certa vez, em um bar no sul do Texas, vi uma fotografia de um rebelde mexicano encarando um pelotão de fuzilamento. Ele usava suas botas velhas e roupas de camponês, com um charuto entre os dentes e uma expressão de superioridade tão calma que fazia homens armados parecerem crianças. Um dia ou uma hora são coisas tão preciosas para ele quanto são para nós, mas ainda não sabemos disso.

Nós saberemos.

O mais próximo que já estive de uma morte aleatória não foi em uma zona de guerra, mas diante do meu apartamento em Nova York. Eu morava na rua 36, a oeste da Oitava Avenida, em um prédio onde funcionara uma antiga confecção. O piso de cimento ainda tinha buracos de parafusos do maquinário. Certa noite, chegava em casa de bicicleta e, conforme ia parando, com as mãos livres, minha roda dianteira se prendeu em uma rachadura no asfalto e virou para o lado. Se estivesse indo mais rápido, o impulso teria me jogado longe, mas eu pedalava no ritmo de uma caminhada. Enquanto me inclinava para a frente a fim de endireitar o guidão, percebi um carro vindo muito rápido por trás — um táxi que acelerava para poder avançar o sinal. Consegui forçar o guidão para o outro lado e fui lançado por cima do carro, caindo de cabeça na rua. Os pneus do carro passaram raspando, a centímetros de minha cabeça. Eu me levantei, limpei as pedrinhas das palmas das mãos e observei as luzes traseiras do táxi sumirem por Manhattan.

A história poderia ter terminado aí se não fosse o fato de que alguns dias depois meu amigo Tim Hetherington foi morto na Líbia. Não demorou muito para que começasse a dizer a mim mesmo que era eu quem deveria ter morrido, mas, de alguma forma, havia enganado o universo, que foi então forçado a levar Tim em meu lugar.

Alguns dias depois de voltar para casa do hospital em Hyannis, eu estava tomando banho quando percebi que finalmente tinha a resposta para algo que vinha me perguntando havia anos: como foram os últimos minutos de Tim? *O céu ficou branco elétrico, ele cagou nas calças e foi sugado para um poço preto*, pensei. Mais uma vez, sobrevivi a algo que ele não sobrevivera — outra traição. Os seres humanos estão sempre em busca de padrões, e agora eu tinha o meu: quando eu vivo, outra pessoa morre. Quem seria desta vez? Minha esposa? Minhas filhas? Eu me apoiei contra os azulejos e chorei até a água do chuveiro esfriar.

O combate nunca foi muito assustador, porque nunca foi muito pessoal; era apenas um monte de metal voando, e você tentava não ficar na frente. Mas agora eu carregava minha própria destruição comigo, como uma granada ativa. O que eu entendia da síndrome do ligamento arqueado mediano era que uma compressão da artéria celíaca força o sangue para um feixe de artérias pancreáticas muito menores, que se dilatam para acomodar o aumento do fluxo. Uma das cinco artérias do meu pâncreas desenvolveu um ponto fraco e acabou se rompendo devido à pressão. Depois de ter alta, perguntei ao dr. Gorin se eu precisaria corrigir o ligamento arqueado mediano para ter uma vida plena.

"Não", disse ele. "Por alguma razão, isso nunca acontece duas vezes."

No entanto, não é preciso entender de física para perceber que, se você embolizar uma das artérias que levam ao pâncreas, a pressão arterial nas quatro artérias restantes aumentará. É a mesma quantidade de sangue com uma vasculatura 20% menor. Apesar do que Gorin disse, fiquei convencido de que iria ter outro aneurisma e parei de ir a qualquer lugar que estivesse a mais de uma hora de um radiologista intervencionista. O que deixou de fora aviões, engarrafamentos, caminhadas na floresta, passeios de barco, países estrangeiros e até mesmo algumas regiões dos Estados Unidos. Quando ficava sozinho em casa, eu escrevia qual era o meu problema em um papel que poderia entregar aos paramédicos ou simplesmente colocar no bolso da camisa caso perdesse a consciência. Muitas vezes, me preparei para o combate no exterior de maneira semelhante, organizando minhas botas, colete, câmera, água e kit médico em locais onde pudesse encontrá-los de forma rápida no escuro; mas nessas situações eu estava sempre cercado por outros homens que estavam na mesma. Agora percebo que isso é uma ilusão. Mesmo quando estamos na companhia de pessoas que amamos, estamos sozinhos.

O lado oposto do terror é a reverência; se você não for reverente o bastante, não estará aterrorizado o bastante, e vice-versa. Meu apreço pelo momento presente chegou a níveis tão altos que era quase paralisante. Praticamente não havia atividade alguma que não pudesse ser interrompida porque eu me dava conta mais uma vez de como tudo aquilo era improvável. *Por que não estão todos chorando o tempo todo por causa disso?*, pensava. Você já viu as árvores — *viu* mesmo? Ou as nuvens? Ou a maneira como as gotas de água formam padrões digitais na tela da varanda depois que chove? Pessoas religiosas entendem que a vida é um milagre, mas você não precisa atribuir isso a Deus para ficar quase mudo de admiração; basta parar em uma esquina e olhar ao redor por um tempo.

Seis meses após a ruptura, tive uma consulta com o dr. Patrick Lamparello, cirurgião vascular sênior da NYU Langone. Lamparello aparentava ter uns setenta e poucos anos e disse ter feito algumas das primeiras laparoscopias quarenta anos atrás, em Nova York. Eu sabia que havia um procedimento em que era possível cortar meu ligamento arqueado mediano, inserir um stent na artéria celíaca e permitir que o sangue fluísse normalmente, e queria saber se deveria fazer isso para evitar outro aneurisma. "Além disso, estou cansado de me preocupar com a possibilidade de morrer a qualquer momento", acrescentei.

"Você já pensou em religião?", disse ele, tão impassível que não consegui saber se estava brincando. "Olha, é uma cirurgia de verdade", ele continuou. "UTI depois, a coisa toda. E talvez não dê certo. Seu problema está na parte superior do abdômen, que fica atrás de tudo. É preciso mover todos os órgãos só para chegar até ali. Já fiz isso muitas vezes; é coisa séria."

Consultei muitos médicos naquele verão e eu sempre perguntava se algum de seus pacientes já havia visto um parente morto enquanto estava à beira da morte. Nenhum médico estava disposto a discutir o assunto; na verdade, a pergunta sempre levava ao fim da consulta. Mas minha experiência foi comum. Passei meu tempo de recuperação lendo documentações reunidas em todo o mundo de pessoas que haviam quase morrido e se lembravam de coisas extremamente estranhas. Para mim, a morte tinha um odor desagradável, como se um animal voraz estivesse respirando por cima do meu ombro, e achei que os relatos de uma vida após a morte poderiam me dar algum tipo de consolo. No mínimo, poderiam fazer com que eu me sentisse menos sozinho. Mas então eu me lembrava do meu sonho. De muitas maneiras, o sonho foi pior do que quase morrer, porque me deixou com a lembrança grotesca de estar consciente e morto ao mesmo tempo. Nem mesmo o centro de trauma havia feito isso comigo.

E a verdade é que, no momento em que estivermos de fato morrendo, provavelmente *não* vamos partir de uma vida plena e bela direto para o esquecimento; é muito mais provável que deixaremos para trás um grupo de estranhos com máscaras no rosto falando coisas indecifráveis entre si enquanto enfiam tubos e agulhas em nosso corpo sob luzes muito fortes. A morte é uma imensa jornada a partir de um estado de saúde e vigor, mas se você estiver morrendo de verdade — e tenho uma memória clara disso — já está tão comprometido que pode parecer apenas um pequeno passo para o lado.

A primeira pessoa a documentar de forma sistemática e popularizar as experiências de quase morte foi um filósofo e médico chamado Raymond Moody, que relatou inúmeras experiências paranormais em seu livro *A vida depois da vida*. Moody falava abertamente sobre sua crença em uma vida após a morte, o que o expôs a acusações de manipulação seletiva de dados e viés de confirmação. Depois de Moody, porém, surgiu um psiquiatra altamente qualificado chamado Bruce Greyson. Seu livro *Depois da vida* começa com um único e surpreendente relato: quando fazia residência médica, Greyson foi às pressas para a emergência a fim de examinar uma jovem que quase havia morrido de overdose de drogas. Acontece que ele havia acabado de respingar molho de tomate na gravata enquanto almoçava e, por isso, abotoou o jaleco para cobrir a mancha. O nome da jovem era Holly. Ela estava em coma quando Greyson chegou, mas ele conseguiu falar com a amiga de Holly na sala de espera. No dia seguinte, depois que Holly despertou, ela disse a Greyson duas coisas intrigantes: que ela havia "assistido" à conversa dele com Susan e que ele tinha uma mancha na gravata listrada.

"O cabelo da minha nuca se eriçou e senti arrepios", escreveu Greyson. "Durante o último meio século, tenho tentado entender como Holly poderia saber sobre aquela mancha de molho de tomate."

Greyson passou a documentar mais de mil experiências de quase morte — EQMs, como passaram a ser chamadas. O mistério central, em termos médicos, é como o cérebro que está morrendo poderia ter essa aparente clareza enquanto lida com níveis catastroficamente baixos de oxigênio. Mais intrigantes — ou sedutoras — eram as histórias de pessoas que estavam morrendo e pareciam ter uma espécie de conhecimento universal. Como Holly poderia saber sobre a mancha de molho ou ver a conversa com sua amiga se estava em coma em outro quarto? Outro paciente recordou ter atravessado as paredes do hospital para ver a mãe fumando na sala de espera, embora nem soubesse que a mãe fumava. Outro apontou que um par de dentaduras perdido estava na gaveta de um carrinho médico — e estava correto. Esse homem havia sido levado ao hospital em coma profundo e precisou de massagem cardíaca, desfibrilação e respiração artificial para sobreviver.

"Ah, aquela enfermeira sabe onde estão minhas dentaduras", disse ele a um médico assustado, que registrou o ocorrido. "Você estava lá quando me trouxeram para o hospital, tirou minhas dentaduras da boca e as colocou naquele carrinho, que tinha várias garrafas e uma gaveta embaixo, foi lá que você colocou meus dentes."

Greyson e pesquisadores que vieram depois, como o cardiologista Sam Parnia, da Universidade de Cornell, passaram a documentar as características mais comuns das EQMs em todo o mundo. Parnia, em particular, foi capaz de trazer sua experiência como especialista em reanimação para a intrigante zona cinzenta entre a vida e a morte. Parnia também conta uma história seminal de um homem cujo coração parou por quase uma hora. Técnicas muito sofisticadas permitiram que o homem sobrevivesse sem danos cerebrais, e ele, ao acordar quatro dias depois, relatou uma lembrança extraordinária: ele havia sido saudado por um "ser luminoso, amoroso e compassivo" que não tinha "massa ou forma". Ele acordou sem nenhum medo da morte.

Eu estava achando impossível não torcer por uma vida após a morte, e uma das coisas que me provocaram um lampejo de otimismo foi o paradoxo médico da lucidez durante o colapso da função cerebral. O cérebro utiliza 15% do sangue oxigenado do corpo e cerca de 20% da glicose. Quando o coração para, essas necessidades enormes deixam de ser atendidas, e a atividade elétrica no cérebro despenca. E, ainda assim, a consciência parece aumentar.

"A ocorrência de processos de pensamento lúcidos e bem estruturados, juntamente com o raciocínio, a atenção e a lembrança de eventos específicos durante a parada cardíaca (EQM), levanta uma série de questões interessantes e desconcertantes", escreve Parnia na revista médica *Resuscitation*. "Do ponto de vista clínico, qualquer alteração aguda na fisiologia cerebral (...) leva a uma função cerebral desorganizada e comprometida."

O cérebro não só parece continuar funcionando, como também tem experiências consistentes em muitos e muitos casos. Um estudo sobre experiências de quase morte em todo o mundo encontrou *algumas* variações culturais — as pessoas da sociedade anglo-europeia eram mais propensas a descrever uma viagem pela escuridão como um "túnel" em vez de um "vazio" —, mas os contornos básicos da experiência eram notavelmente semelhantes. Em geral, os moribundos se recordam de estar acima de seus corpos, de viajar para outro reino, encontrar parentes mortos e retornar. Uma mulher maori chamada Nga, por exemplo, relatou seu encontro com a morte ao autor neozelandês Michael King.

"Fiquei gravemente doente pela primeira vez na vida", disse Nga. "Fiquei tão doente que senti meu espírito sair do corpo. Minha família acreditou que eu estava morta, porque minha respiração cessou... Pairei sobre minha cabeça para em seguida sair do quarto e viajar ao norte, em direção à Cauda do Peixe.[2] Passei pelo rio Waikato, atravessei o Manukau, passei por Ngāti Whātua, Ngāpuhi, Te Rarawa e Te Aupōuri até chegar a Te Rerenga Wairua, o local de salto das almas."

Nesse momento, uma voz disse à Nga para voltar, pois aquela não era sua hora. Ela recuperou a consciência em seu corpo, cercada por familiares.

Em 1998, o dr. Greyson e dois colegas, Emily Cooke e Ian Stevenson, publicaram uma série de relatos extraordinários de

---

[2] De acordo com a cultura maori, o extremo norte da ilha Te Ika-a-Māui, a Ilha Norte da Nova Zelândia, tem o formato da cauda de um peixe e é parte essencial do mito de Maui (N. do T.).

experiências de quase morte no *Journal of Scientific Exploration*. Conforme explicado no resumo do artigo, eles queriam examinar 14 casos que, na sua opinião, davam credibilidade à ideia de que a consciência individual sobrevive à morte. Alguns casos foram extraídos de relatos populares publicados em jornais e outros vieram de seus próprios arquivos. Os pesquisadores tentaram localizar as pessoas dos relatos — às vezes décadas depois — e conseguiram confirmar as histórias somente num sentido geral. Não é preciso dizer que são histórias autorrelatadas que, por definição, são impossíveis de confirmar. No entanto, as experiências centrais dessas histórias são notavelmente consistentes e, ao lê-las, achei difícil imaginar que falsificações deliberadas pudessem convergir de forma tão dramática.

Em todos os casos citados por Greyson e seus colegas, a pessoa à beira da morte se viu fora do corpo e, muitas vezes, observava tudo de cima enquanto os médicos ou transeuntes tentavam salvá-la. Muitos também afirmaram ter percepções que não eram limitadas pelas perspectivas humanas comuns. "Em minhas andanças, havia uma estranha consciência de que eu podia ver através das paredes do prédio", registrou um oficial do exército britânico chamado Alexander Ogston, que quase morreu de febre tifoide em um hospital militar por volta de 1900. "Vi claramente, por exemplo, um pobre cirurgião médico do Exército Real, de cuja existência eu não tinha conhecimento e que estava em outra parte do hospital, ficar muito doente, gritar e morrer; vi cobrirem seu cadáver e levá-lo de modo discreto para fora, sem sapatos, de maneira furtiva, para que não soubéssemos que ele havia morrido... Depois, quando relatei esses acontecimentos às irmãs [enfermeiras], elas me informaram que tudo isso havia acontecido."

De acordo com Greyson e seus colegas, uma enfermeira chamada Jean Morrow entrou em contato com eles em 1991 para relatar sua experiência de quase morte durante o parto ocorrido décadas antes: "Devido à perda de sangue, minha pressão arterial caiu. Quando ouvi: 'Ah meu Deus, estamos perdendo ela', eu estava fora do corpo imediatamente e no teto da sala de cirurgia, olhando para baixo — observando eles trabalharem em um corpo."

Seu relato é semelhante ao que Peggy Raso fez a Greyson, quando mal sobreviveu a uma embolia pulmonar depois de dar à luz um bebê saudável: "Eu, o meu verdadeiro eu, não estava na cama, e comecei a pensar sobre isso... Olhei para a cama de onde estava, perto do teto. Vi uma garota que parecia estar sentindo muita dor... Fiquei com pena dela. Médicos e enfermeiras entravam e saíam da sala. Vi um médico bater com força em seu peito. Tentei dizer a eles que eu não estava lá. Vi um médico que reconheci chegar à estação de enfermagem. Ele era um amigo da família, e fui criada com ele. A enfermeira lhe disse que [Peggy Raso] tinha acabado de morrer. Ele respondeu que ligaria para Margaret (minha mãe). Minha audição estava bem aguçada. Ouvi e vi outro paciente no andar reclamando da atividade e do barulho vindos do meu quarto. Percebi que estavam falando de mim. Tentei dizer a eles que eu não estava lá embaixo. Ficou óbvio que eles não estavam me ouvindo."

Outro tema recorrente em muitas experiências de quase morte é o encontro com entes queridos mortos e outros espíritos. Além de os pesquisadores terem documentado esse fato em todo o mundo, praticamente todas as sociedades acreditam que, ao morrer, você irá se reencontrar com entes queridos que já se foram. Essa crença existe em todo o espectro da sociedade humana, desde pequenos grupos caçadores-coletores até sociedades industriais, e é parte essencial de quase todas as religiões, inclusive o cristianismo. Na verdade, ser cristão é acreditar na ressurreição de Cristo de forma literal. De 1 Coríntios 15: "Pois, se os mortos não ressuscitam, nem mesmo Cristo ressuscitou. E, se Cristo não ressuscitou, inútil é a fé que vocês têm, e ainda estão em seus pecados."

Cerca de um quarto dos sobreviventes de uma quase morte relatam ter encontrado pessoas mortas, como aconteceu comigo. Alguns eram parentes há muito tempo falecidos, alguns morreram recentemente e outros estavam mortos sem que ninguém soubesse. Um soldado americano atendeu a um pedido em publicações militares sobre experiências de quase morte com este relato de um acidente de helicóptero no Vietnã: "Foi tranquilo e agradável. Eu podia ver outras pessoas como eu flutuando a poucos centímetros do chão... mortos [vietcongues]. Trocávamos olhares, mas não havia ressentimento, apenas algo em comum... as pessoas se cruzavam, e dava para saber o que elas estavam pensando... todos nós tínhamos a mesma coisa em comum... estávamos mortos."

À primeira vista, defender que não há "vida após a morte" não é uma ideia muito atraente, e é por isso que os céticos tendem a publicar artigos científicos em vez de livros best-seller. Esses artigos são escritos em uma linguagem médica densa, que parece ser destinada a outros cientistas e não ao público leitor, e as conclusões, ainda que sempre moderadas, são inequívocas: não há motivo racional para acreditar que as EQMs sejam outra coisa senão alucinações. O cérebro é, de longe, a estrutura mais complexa do universo conhecido, com cerca de cem trilhões de conexões neurais, e essas conexões dão origem a um fenômeno extremamente misterioso chamado consciência. A consciência ainda está muito além da capacidade das maiores redes de computadores, mas é muito vulnerável a distorções. Alucinações, visões, vozes desencarnadas, premonições e visões de Deus podem parecer bastante reais, mas não têm base comprovável na realidade.

O neurofisiologista Christof Koch questiona o fenômeno da revisão de vida em termos biológicos simples: "Seu eletroencefalograma vira uma linha reta e só então você tem essas experiências? Nunca vi dados nesse sentido", ele me disse. "Sou extremamente cético. Você tem uma parada cardíaca, seu coração para. Todos ao redor entram em um frenesi e injetam sedativos em você, dão um choque no seu coração, e algum tempo depois você acorda em um leito de hospital. Como você sabe quando exatamente a experiência aconteceu em relação ao eletroencefalograma? Tudo o que sabemos nos últimos 120 anos de estudo do cérebro é que, quando o eletroencefalograma vira uma linha reta, quando não há atividade elétrica, não há consciência no cérebro."

Mesmo assim, Koch quase morreu e se recorda de uma experiência extasiante com uma luz brilhante. "Eu perdi tudo. Perdi meu corpo, o mundo, meu ego. Não havia mais Christof ali, havia apenas uma luz brilhante, êxtase. E isso fica com você. Todo dia eu penso nisso. Você perde as fronteiras que existem entre você e os outros. Agora, em condições normais, sei que esta caneta não faz parte do meu corpo; aprendi que há fronteiras entre mim e o resto do mundo. Por isso, mesmo que você faça amor com sua esposa e seus corpos estejam entrelaçados, você ainda sabe: *esta é a minha perna e esta é a perna dela*. Mas, em circunstâncias especiais, você pode perder essas fronteiras e sentir que faz parte de tudo. Algumas pessoas argumentam que isso é evidência de uma consciência universal. É bem possível. Acho que é *improvável*, mas não posso descartar essa possibilidade por motivos lógicos."

Para aqueles que acreditam nas EQMs, a resposta definitiva ao ceticismo sutil de Koch é o caso de uma musicista de 35 anos chamada Pam Reynolds. Em 1991, Reynolds foi diagnosticada com um aneurisma da artéria basilar tão profundo em seu cérebro que os cirurgiões não conseguiam acessá-lo por meios convencionais. Era uma sentença de morte, por isso os cirurgiões recorreram a um procedimento raro e de alto risco chamado parada cardíaca hipotérmica. O plano consistia em baixar a temperatura corporal para 10°C para evitar a deterioração dos tecidos, interromper os batimentos cardíacos e a respiração, drenar o sangue da cabeça, abrir o crânio com uma serra, escavar o cérebro até a profundidade do aneurisma, reparar a artéria para que ela não se rompesse e, em seguida, reverter o processo até que o coração de Reynolds pudesse ser reanimado com um desfibrilador.

Reynolds recebeu anestesia geral, seus olhos foram fechados com fita adesiva e o dr. Robert Spetzler ligou sua serra cirúrgica e cortou uma seção de seu crânio. Um microscópio cirúrgico foi inserido fundo em seu cérebro, até o local do aneurisma. Seu coração foi parado, seu corpo foi resfriado e o sangue foi drenado de sua cabeça pela gravidade. Nesse momento, todas as ondas cerebrais cessaram e o eletroencefalograma ficou plano.

A cirurgia foi um sucesso, mas, depois que Reynolds acordou na UTI, ela tinha coisas muito estranhas para relatar. Reynolds disse que, apesar da anestesia geral, foi trazida de volta à consciência pelo som da serra craniana e que, em seguida, deslizou para fora de seu corpo a partir do topo de sua cabeça e observou tudo por cima do ombro do cirurgião. Em algum momento, ela ouviu uma conversa entre os médicos sobre tentarem estabelecer um ponto de entrada vascular em sua virilha, o que a surpreendeu, pois ela sabia que a cirurgia não estava sequer próxima a essa área. Mais tarde, ela encontrou parentes mortos, inclusive seu tio, que a incentivaram a voltar para seu corpo mutilado. Ela viu seu corpo "pular" duas vezes — supostamente eram os dois choques do desfibrilador — e, mais tarde, viu-se recobrando a consciência na sala de recuperação.

De acordo com o anestesista de Reynolds, no entanto, não há como saber em que momento ela teve suas experiências. Se seu cérebro não tinha perfusão sanguínea e seu eletroencefalograma estava plano, é clinicamente impossível que ela tivesse pensamentos ou lembranças. Muito mais provável, na opinião deles, é a possibilidade de que suas memórias tenham vindo de um período de semiconsciência antes e depois da anestesia, durante o qual ela pode ter ouvido a equipe cirúrgica discutindo os detalhes da operação.

No entanto, o caso de Reynolds é único; muito mais comuns são as EQMs em que o cérebro continua funcionando mesmo após o coração parar, e temos todos os motivos para pensar que uma pessoa que sobrevive a isso pode ter lembranças estranhas.

Sabe-se que a privação de oxigênio no cérebro causa distorções cognitivas, visão em túnel, perda de consciência e um fenômeno associado: o acúmulo de dióxido de carbono na corrente sanguínea, que se acredita desencadear a liberação de um composto psicodélico chamado DMT (N,N-Dimetiltriptamina). A droga é quimicamente relacionada à ayahuasca, o poderoso "cipó da morte" usado por xamãs indígenas na bacia amazônica, e ocorre naturalmente no fluido espinhal. A DMT endógena, como é conhecida, protege os neurônios da morte celular durante episódios de baixa oxigenação ou alto dióxido de carbono, o que seria uma explicação plausível para experiências de quase morte.

A réplica à hipótese do "cérebro moribundo" é que pessoas que caem de grandes alturas ou que estão prestes a sofrer um acidente de carro não têm baixos níveis de oxigênio no sangue ou altos níveis de dióxido de carbono e, ainda assim, muitas vezes têm revisões de vida, visões e outras experiências clássicas de quase morte. E as pessoas com problemas de oxigenação, como as que sofrem de asma, em geral não têm visões dos mortos ou epifanias espirituais. Mas o estresse psicológico também é conhecido por inundar o cérebro com poderosos neuroquímicos que podem causar alucinações e sensações de êxtase e de distanciamento. Um pesquisador comparou as descrições em primeira pessoa de centenas de experiências de quase morte com 15 mil relatos de viagens com drogas e encontrou uma correspondência muito próxima entre as EQMs e uma droga sintética chamada cetamina.

"A experiência que tive com a cetamina foi como uma experiência de quase morte, e foi aterrorizante", contou um psicólogo. "Senti como se estivesse sendo puxado cada vez mais para o nada. Era como se eu estivesse costurado ao tecido de alguma coisa. O terapeuta que estava comigo contou que eu falei duas coisas durante esse período. Uma foi: *Eu deveria morrer?* E a outra: *Será que eu nunca mais vou ver meus filhos?*"

Acredita-se que a cetamina é um opioide que também está presente de forma natural no corpo humano. Quando animais de laboratório são submetidos a um ataque aterrorizante — um experimento que não pode ser reproduzido com pessoas, obviamente — seus cérebros são inundados com dopamina e outros opioides. Já se sabe que a cetamina artificial protege as células destruídas pela baixa oxigenação em vítimas de lesões cerebrais, e uma versão endógena produzida dentro do corpo capaz de gerar o mesmo efeito faria sentido do ponto de vista biológico. As alucinações e a euforia que acompanham esses compostos poderiam proporcionar um benefício evolutivo adicional, ajudando a acalmar e tranquilizar a pessoa cuja sobrevivência está em jogo.

O endocrinologista de Harvard Daniel Carr se refere a essas reações ao estresse como síndrome do lobo límbico. O sistema límbico está envolvido no processamento emocional, na memória de longo prazo e nos comportamentos de sobrevivência.

Ele inclui o hipocampo e a amígdala, responsáveis por processar memórias, decisões e emoções básicas, como medo e agressividade. De acordo com Carr, o sistema límbico contém um número desproporcional de receptores opioides, além de altos níveis dos próprios opioides endógenos.

Uma explicação final para as EQMs envolve as crises do lobo temporal, desencadeadas por médicos durante a implantação de eletrodos no córtex de pacientes com epilepsia como parte de um processo de mapeamento pré-operatório. (Como o cérebro não consegue sentir dor, os pacientes são mantidos conscientes para relatar o que estão sentindo.) Na década de 1950, um neurologista canadense chamado Wilder Penfield foi pioneiro nessa técnica ao demonstrar como a estimulação elétrica de diferentes áreas do cérebro pode desencadear memórias intensas, experiências fora do corpo, *déjà vu* e uma sensação de euforia ou pavor — todos sintomas comuns de EQMs. Quando Penfield estimulou um jovem epiléptico a uma profundidade de 2 centímetros em seu lobo temporal, ele gritou: "Oh Deus, estou saindo do meu corpo!" Outra paciente relatou uma sensação estranha: "Como se eu não estivesse aqui. Como se estivesse metade [lá] e metade aqui."

O fato de as EQMs se assemelharem a convulsões do lobo temporal não significa que elas as causem, mas o estresse da morte iminente pode desencadear uma resposta no hipocampo que facilita a absorção de compostos endógenos como a cetamina, conhecida por seus efeitos calmantes e experiências efêmeras. "O hipocampo é a área de processamento central do cérebro (...) mais associada à consciência e à alma", observou uma equipe. "Essas áreas geneticamente determinadas (...) podem muito bem servir como um mecanismo de defesa natural contra situações estressantes, como o parto e o trauma. Isso também explicaria como certas religiões usam o controle do sistema nervoso autônomo para produzir estados fora do corpo e êxtase religioso."

Os seres humanos evoluíram de suas origens primitivas tornando-se caçadores-coletores nômades, que dependiam de entendimentos cada vez mais complexos da existência para sobreviver e prosperar. E parte dessa sobrevivência era psicológica: tínhamos de manter um senso de nossa própria individualidade junto a um conhecimento prévio de nossa mortalidade. Uma solução para essa brutal dissonância cognitiva foi acreditar que a fronteira entre a vida e a morte era tênue e que nossa aparente individualidade fazia parte do tecido da existência. As almas são liberadas do corpo durante a morte, os espíritos podem se mover sem restrições de tempo e espaço, e os mortos podem atravessar paredes e mexer em maçanetas. Quando eu tinha trinta e poucos anos, tive um sonho em que deixei meu corpo e cruzei o céu noturno. Quando acordei, escrevi o seguinte em meu caderno:

"Estou me movendo pela casa escura e estou do lado de fora me movendo pela Terra. Nu e tão cinza, sou invisível, vibrante de poder, movendo-me impossivelmente devagar e rápido ao mesmo tempo, cada respiração é uma vida inteira, existindo de forma tão intensa no aqui e agora que a costura da realidade poderia estourar e se derramar como um líquido conhecido como tempo."

A questão não é se esses sonhos representam ou não a realidade objetiva — eles obviamente não representam —, e sim por que as pessoas continuam a tê-los. No mundo todo, as pessoas acreditam em duas realidades: aquela em que andamos por aí e uma "outra" para onde vamos de vez em quando. Drogas, sonhos, religião e morte são as formas pelas quais as pessoas geralmente acreditam que atravessam essa realidade. Meu sonho era indistinguível tanto de uma EQM quanto de uma "jornada xamânica" do tipo que os antropólogos documentaram em culturas tribais de todo o mundo. O xamanismo é uma prática da era paleolítica que sobreviveu por tempo suficiente para os etnógrafos a documentarem em lugares tão variados quanto a tundra siberiana, a selva amazônica, os campos de gelo do Ártico, as florestas tropicais africanas e os cânions e planaltos do México central. É uma das poucas coisas universais da cultura humana.

O xamã voa de seu corpo e se torna um espírito, viajando para a terra dos mortos e retornando com o conhecimento necessário para a comunidade. Alucinógenos, tambores, jejum e danças que duram horas ou até mesmo dias ajudam o xamã a deixar esta realidade e alcançar a próxima.

Uma visão aniquiladora do cosmos tem sido fundamental para a experiência humana há dezenas de milhares de anos, e os seres humanos há muito tempo usam drogas para encontrar significado nessa visão. Os arqueólogos da caverna Es Càrritx, em Mallorca, na Espanha, encontraram mechas de cabelo de 3 mil anos preservadas em recipientes cerimoniais de madeira e chifre. Foi descoberto que o cabelo continha altos níveis dos alucinógenos atropina, escopolamina e efedrina. Todas as três drogas podem ser derivadas de plantas nativas de Mallorca, especialmente a *Datura stramonium*, também conhecida como castanheiro-do-diabo.

Mas, além do uso de drogas, os arqueólogos notaram um padrão peculiar de círculos gravados nos vasos de madeira e chifre. Os maiorquinos neolíticos dependiam de plantas e animais para sobreviver, mas decoravam seus objetos mais sagrados com anéis concêntricos simples. Anéis semelhantes apareceram em objetos cerimoniais em todo o mundo, e os estudiosos os associam a um tipo de "visão interior" relacionada a alucinógenos. Antigos contêineres de cerâmica do Arkansas têm desenhos idênticos talhados neles — e também testaram positivo para atropina. Evidentemente, pessoas ao redor do mundo têm buscado a mesma coisa.

Era difícil não me perguntar o que meu pai acharia de tudo isso. Será que ele iria propor alguma teoria cósmica para explicar como ele apareceu flutuando acima de mim no centro de trauma, ou será que ele atribuiria tudo isso a neuroquímicos e a um pensamento fantasioso? A ideia de que a existência física não possui outra dimensão duradoura pode um dia parecer tão incompreensível quanto a ideia de a Terra ser plana, ou pode acabar sendo a mais fundamental de todas as leis físicas que compreendemos.

Convidei dois ex-colegas do meu pai para almoçar e conversar sobre o assunto, Rudolph Martinez e Joel Garrelick. Eles trabalharam com meu pai durante anos em algo chamado ressonador de Helmholtz, uma cavidade com propriedades acústicas específicas. Quando você sopra na parte superior de uma garrafa e produz um som de assobio, você acaba de criar um ressonador Helmholtz. Joel e Rudolph conheciam meu pai muito bem e várias vezes puderam observar sua mente estranha e brilhante resolver um problema. Contei aos dois como ele havia aparecido acima de mim no centro de trauma e perguntei o que achavam que ele teria dito sobre isso.

"Seu pai era um romântico e, como tal, não seria contra considerar qualquer coisa do tipo", disse Rudolph. "Ele era um grande cientista. Racional ao máximo, é claro, mas também um romântico."

Isso me surpreendeu — e com certeza teria surpreendido minha mãe. Quando ela e meu pai decidiram se casar, ele sugeriu que fossem para São Francisco, e ela ficou encantada até perceber que ele também queria participar da reunião anual da Sociedade Acústica da América.

"Ele era um romântico por ser profundamente apaixonado pelo ressonador de Helmholtz", acrescentou Rudolph. "Inúmeros comentários e exemplos sobre o Helmholtz."

Perguntei se poderia haver uma dimensão em que o tempo não existisse e meu pai pudesse estar tanto vivo quanto morto — e, assim, capaz de me visitar.

"Sim, existe. Tudo o que você precisa fazer é viajar na velocidade da luz, e o tempo para. Um segundo se torna éons — mas da forma como ele é percebido por outra pessoa. Para você, um segundo é um segundo."

"O big bang é um problema", acrescentou Joel. "Mas não acho que Miguel teria ido até lá. Você disse que não sabia que corria o risco de morrer, certo?"

"Certo", respondi.

"Então acho que ele teria entendido isso como um sinal de que há algo físico", disse Joel. "Alguma coisa está acontecendo com o seu corpo, então seu corpo sabe que você está morrendo. Algo aciona um circuito elétrico para fazer alguma coisa em sua memória."

Fiz uma pergunta que considerei impossível: quais são as chances de meu pai aparecer acima de mim enquanto eu morro? Para minha surpresa, Rudolph olhou para cima por um momento e pareceu estar calculando alguns números.

"Tipo, 10^{-60}", disse ele.

"Dez elevado a menos sessenta?"

Rudolph explicou que a probabilidade de meu pai se materializar em um canto da sala era quase a mesma de todas as moléculas de oxigênio se juntarem de repente em um canto e nos asfixiarem. "É aproximadamente o número de moléculas em qualquer volume, como 1 metro cúbico — 10^{-23}", disse ele. "Na verdade, é 6,03 vezes 10^{-23}. É o chamado número de Avogadro. Qualquer coisa é possível: Jesus poderia ter caminhado sobre a água."

"Só é muito improvável", acrescentou Joel.

Os médicos abordam as experiências de quase-morte da mesma forma que meu pai abordava a física, e encontram explicações prosaicas para quase tudo. Túneis, luzes brilhantes, revisões de vida, presença divina, experiências fora do corpo, sentimentos de paz e unidade, percepção cósmica e desinteresse pelo mundo corpóreo, tudo isso pode ser induzido nas pessoas com relativa facilidade — e acontece o tempo todo. Não é necessário acreditar em uma vida após a morte para explicar as visões de uma pessoa com hipóxia cerebral ou a ilusão de se estar fora do corpo de alguém que está sofrendo uma convulsão.

Com uma exceção central: os mortos.

Por que os que estão morrendo — e *somente* os que estão morrendo —continuam vendo os mortos em seus últimos dias e horas? Se há um verdadeiro mistério nisso tudo, é o fato de que, em casas de argila e quartos de hospital, em acidentes de carro e nos campos de batalha, em quartos escuros e em ambulâncias estridentes, os doentes terminais se espantam ao ver um ente querido pairando sobre eles. Existem fatores neuroquímicos que explicam o fato de as pessoas alucinarem, mas não o motivo de continuarem tendo a mesma alucinação. Houve algumas tentativas, no entanto: afirma-se que as visões são projeções inconscientes criadas por pacientes aterrorizados, ou adaptações evolutivas que auxiliam na sobrevivência, ou apenas expectativas culturais que são expressas de forma imaginária. Essas propostas estão longe de explicar a ampla e poderosa abrangência desse fenômeno em todo o mundo.

Um dos aspectos mais notáveis dessas visões é como os moribundos parecem estar assustados. Fiquei profundamente chocado ao ver meu pai e de forma alguma me senti confortado por ele; na verdade, fiquei mortificado. Horas antes de morrer, minha mãe olhou para um canto do quarto e disse: "O que *ele* está fazendo aqui?" Imaginei que fosse seu irmão distante, George, morto há muito tempo por um câncer na garganta.

"Esse é o George", eu disse. "Ele veio de muito longe para ver você, e você precisa ser gentil com ele."

"Isso é o que veremos", disse ela.

Depois que Tyler Carroll deixou o serviço militar, ele conseguiu um emprego como paramédico em um corpo de bombeiros. Um dia, ele atendeu uma senhora de 70 anos com insuficiência respiratória. Com um aparelho de eletrocardiograma, ele determinou que ela estava tendo um ataque cardíaco, então a colocou na ambulância e seguiram para o hospital. Cinco minutos depois, ela se sentou de maneira brusca, como se tivesse visto algo, e disse com espanto: "Estou prestes a morrer." Em seguida, ela se deitou e morreu.

Fica a dúvida sobre o que ela viu. Por haver sedação na maioria dos casos, as pessoas à beira da morte nem sempre estão lúcidas, mas, às vezes, alguém dá seu último suspiro sem morfina. Uma enfermeira me contou que cuidou de um homem que não sentiu dor até o fim e estava totalmente lúcido. Horas antes de ele morrer, ela o ouviu dizer o nome "Barbara" repetidas vezes, como se essa pessoa estivesse presente no quarto. A enfermeira foi até a cozinha para contar à esposa do homem.

"Barbara era o amor da vida dele", disse a mulher, chorando. "Ela era nossa menina, tinha 19 anos."

Até onde podemos confiar no registro histórico, há também dezenas de casos em séculos anteriores. Muitos foram coletados por um físico britânico chamado William F. Barrett e publicados postumamente em um pequeno volume chamado *Deathbed Visions* (Visões no leito de morte, em tradução livre). Barrett nasceu na Jamaica em 1844, filho de pais missionários que administravam um posto de apoio clandestino para escravizados fugitivos. Ele estudou física e química antes de se dedicar ao ocultismo, como a telepatia e o hipnotismo — assuntos pelos quais foi bastante ridicularizado. Mas seu livro sobre visões no leito de morte tornou-se um compêndio clássico de algo que muitas pessoas reconheciam, mas ninguém compreendia.

Barrett diz ter feito o possível para confirmar os detalhes das histórias, mas obviamente isso não era possível naquela época, muito menos hoje. Dito isso, os relatos são bastante consistentes não apenas entre si, mas também comparados a muitos relatos atuais.

Na época de Barrett, as pessoas tendiam a morrer em casa, sem medicação, muitas vezes precedidas por irmãos ou amigos. A morte era algo comum e familiar para a maioria das pessoas, não era necessariamente algo a ser temido. Repetidas vezes, as pessoas descritas no livro de Barrett se surpreendiam ao ver parentes falecidos na sala e em geral se sentiam tranquilas com eles, até mesmo contentes. "Marion, minha filha", gritou um homem pouco antes de morrer. Alguns encontros pareciam uma reunião de família: "Vejam, lá estão todos eles, William, Elizabeth, Emma, Anne e Priscilla também!", exclamou uma mulher depois de acordar de um coma. (William era um filho que havia morrido muitos anos antes, ainda na infância; Priscilla era uma amiga da família que falecera dois dias antes.)

Em uma época de comunicação lenta, era totalmente possível não saber que um amigo próximo ou até mesmo um membro da família havia morrido, e Barrett considerava as visitas dos recém-falecidos como uma evidência bem forte de uma vida após a morte. Um francês chamado Paul Durocq morreu de febre amarela enquanto viajava com sua família pela Venezuela, em 1894. Em suas últimas horas, ele parecia estar sendo visitado pelo espírito de um amigo próximo que morrera enquanto os Durocq estavam fora — embora eles não soubessem disso. Os Durocq encontraram na correspondência o anúncio de seu funeral quando voltaram para casa.

Barrett também considerou as visões de morte de crianças particularmente persuasivas. "Nos dias 2 e 3 de novembro de 1870, perdi meus dois filhos mais velhos, David e Harry, para a escarlatina, eles tinham 3 e 4 anos, respectivamente", disse um homem a Barrett. "Harry morreu em Abbots Langley no dia 2 de novembro, a 22 quilômetros do meu vicariato em Aspley; David, no dia seguinte, em Aspley. Cerca de uma hora antes de David morrer, ele se sentou na cama e, apontando para debaixo dela, disse de forma clara: 'Ali está o pequeno Harry, está me chamando.'"

A probabilidade esmagadora é de que a nossa percepção de outra realidade não passe de uma ilusão que nos conforta, ajudando-nos a viver nossas vidas. Mas optar pelo que parece provável ou improvável é uma péssima estratégia para descobrir o que é verdade. Nosso entendimento da realidade pode ser tão limitado quanto o entendimento de um cachorro sobre a televisão. Por isso, quando abandonamos a probabilidade por um momento, é possível experimentar a ideia de que a morte é simplesmente onde o véu da crença se rasga para revelar um sistema maior além deste. A "realidade" pode ser apenas um limite que não conseguimos ultrapassar. Os mortos podem estar por toda parte, voando para lá e para cá enquanto os que estão morrendo se despedem. Imagine o esforço frenético de todos eles em torno de enchentes e terremotos. Nas epidemias. Em Dachau.

Não é nem um pouco provável, mas nada é. Se a força da gravidade fosse um pouco mais fraca, as estrelas não seriam densas o suficiente para atravessar a barreira de Coulomb e iniciar a fusão termonuclear. Seria um universo completamente escuro. Se a gravidade fosse um pouco mais forte, as estrelas queimariam com muita rapidez e de forma muito intensa, e não haveria vida. Se a força de atração entre elétrons e núcleos atômicos fosse muito fraca, os elétrons não poderiam orbitar; se fosse muito forte, os átomos não poderiam se ligar uns aos outros. De qualquer forma, não haveria moléculas. Há mais de trinta desses parâmetros que precisam apresentar valores quase exatos para permitir a existência de um universo com vida. A probabilidade disso acontecer foi calculada em uma a cada 10^{-230} — ou seja, uma chance em um número com 229 zeros. Encontrar um grão de areia específico na primeira tentativa, entre todos os grãos da Terra, seria milhões de milhões de vezes mais provável do que a existência do universo. E, no entanto, aqui estamos nós.

Considerando que a existência em si é quase infinitamente improvável, e *se* houvesse algum tipo de existência pós-morte? E *se* os mortos não estivessem ausentes por completo, no sentido em que entendemos essa palavra, e os vivos não estivessem totalmente presos ao tempo e ao espaço? E *se* os grandes mistérios do mundo — espíritos, fantasmas, coincidências, telepatia, sonhos preditivos e tudo o mais que os seres humanos sempre notaram, mas nunca conseguiram entender — tivessem de fato uma explicação racional?

Como isso poderia funcionar?

Nos termos mais básicos, a morte é um toque final na entropia contra a qual todas as criaturas vivas precisam lutar para existir. Entropia é outra palavra para desordem. Uma pedra no topo de uma colina é a analogia mais usada: um empurrão e ela rola até a parte de baixo, onde perde toda a sua energia cinética até que alguma força — como uma escavadeira — a empurre de volta para o topo. É preciso muito mais energia para empurrar uma pedra até o topo de uma colina do que para fazê-la rolar colina abaixo, mas, uma vez no topo, pode-se dizer que a energia foi "armazenada" contra a gravidade para uso futuro.

Em todas as escalas, o universo tem sofrido uma perda de energia armazenada desde o big bang. Há mais estrelas entrando em colapso do que nascendo, mais moléculas de gás se espalhando do que se juntando, mais calor se dispersando do que sendo gerado. Em algum momento, o universo sofrerá um resfriamento a uma temperatura tão próxima do zero absoluto que não haverá mais luz, nem energia térmica, nem movimento atômico e, portanto, nem tempo. Em outras palavras, o cosmos não continua a girar para sempre; ele nasce, envelhece e morre como nós. Quando as pessoas esperam a vida eterna, elas estão esperando algo que nem mesmo o universo, com 14 bilhões de anos-luz de diâmetro e ainda se expandindo à velocidade da luz, pode conceder.

Mas os seres humanos podem retardar a entropia por algum tempo — na verdade, por toda a vida — se alimentando, bebendo água e respirando. Somos o equivalente metabólico de uma pessoa empurrando uma pedra colina acima. Quando comemos grãos ou vegetais, estamos comendo algo que obteve sua energia do sol; quando comemos carne, estamos comendo algo que obteve sua energia das plantas que, por sua vez, obtiveram sua energia do sol. Os alimentos podem ser entendidos como luz solar armazenada, e a luz solar pode ser entendida como energia retida do big bang. Quando morremos, perdemos a capacidade de metabolizar os alimentos, e as barreiras celulares que nos separam do mundo exterior se rompem. A pedra rola de volta para a base da colina.

Os padrões que desafiam a entropia não se limitam ao mundo biológico. Uma banheira cheia de água se encontra sem uma ordem interna — um estado de alta entropia — até você abrir o ralo, momento em que a energia na forma de gravidade cria um vórtice de água correndo para restabelecer o equilíbrio. Nenhuma molécula individual de água persiste no vórtice, pois ela é arrastada pelo ralo, mas, juntas, essas moléculas criam uma estrutura tão estável que permanecerá ali enquanto o ralo estiver aberto e houver água na banheira. Como o químico Addy Pross aponta, todas as células humanas são substituídas muitas vezes, mas é mantido um padrão — o corpo humano — que persiste enquanto essas células puderem metabolizar energia. E todos esses corpos humanos, por sua vez, constituem a espécie *Homo sapiens sapiens*, que persiste ao longo das gerações, embora os indivíduos que compõem a raça humana continuem morrendo.

(Ou, como disse Xana: "Papai, eu sei por que existe a noite. Para que outras pessoas possam ter o dia.")

    Pode-se dizer que, quando meu aneurisma estourou em 16 de junho de 2020, a ordem começou a sair de mim e a entropia começou a entrar. Ao longo da história e em todas as sociedades, o comportamento moral geralmente se resume a não tratar as pessoas como se fossem descartáveis — talvez porque de forma intuitiva saibamos que a entropia deixará isso claro em breve. Qualquer teoria de vida após a morte teria de explicar como as almas podem sobreviver a um universo em um estado final de -273,15ºC, também conhecido como zero absoluto. Seria preciso imaginar um estado de energia zero para as almas, o que é outra forma de dizer que elas não existem. "Dizem que o universo da energia está se esgotando", observou com tristeza o neurocientista Sir Charles Sherrington. "Ele tende fatalmente ao equilíbrio. Um equilíbrio no qual a vida não pode existir. Se a mente não é um sistema de energia, como o esgotamento do universo a afetará? Ela pode sair ilesa? Será que o universo — que elaborou e está elaborando a mente finita — permitirá que ela pereça?"

    De fato, a física da época de Sherrington começou a demonstrar o oposto: a matéria dependia, em última instância, da consciência humana, e não o contrário. Foi uma inversão profundamente contraintuitiva, que teve seu início em 1900, quando um físico alemão um tanto promissor chamado Max Planck decidiu resolver um problema misterioso, mas persistente, envolvendo a radiação térmica — a energia emitida por corpos com temperatura alta. Em uma única noite, Planck inventou o "quantum de ação". Um quantum é a menor unidade possível de energia que pode ser emitida por um elétron, e Planck mostrou que a energia é irradiada em unidades, e não em ondas. No mundo macroscópico, quando um pêndulo oscila, ele não "salta" de uma posição para outra; ele se move de forma suave e contínua. No nível subatômico, porém, os elétrons estão "aqui" ou "ali", mas nunca no meio. Em outras palavras, eles não oscilam; eles saltam. A fórmula que prevê como os elétrons saltam de um nível de energia para outro é chamada de constante de Planck, e é considerada uma das leis básicas da natureza, assim como a gravidade e a velocidade da luz.

A lei de Planck representava um novo tipo de conhecimento que podia ser demonstrado como verdadeiro, apesar do fato de que até mesmo seus descobridores não a entendiam muito bem. Einstein supostamente disse que a descoberta de Paul Dirac sobre a antimatéria beirava a insanidade; Richard Feynman teria dito que, se você acha que entende a mecânica quântica, então você não entende a mecânica quântica. Em algum nível, os princípios centrais da mecânica quântica tinham de ser aceitos como fé, como um novo tipo de religião — a diferença crucial é que a ciência está pronta para ser refutada pelos fatos, enquanto a religião não. Levada à sua conclusão lógica, a constante de Planck significava que as leis da física que regem o mundo macroscópico — planetas, bolas de bilhar, pêndulos — falham no nível subatômico. Um conjunto diferente de leis assume o controle e parece desafiar não apenas o senso comum, mas tudo o que era conhecido até então.

A descoberta de Planck levou Albert Einstein, que trabalhava durante o dia em um escritório de patentes do governo, a propor que a luz era composta por pacotes quânticos que podiam se comportar como partículas *ou* como ondas. Nenhum desses fenômenos era visível, mas a matemática que os descreve não tem outra alternativa. O trabalho de Einstein permitiu que Niels Bohr calculasse o momento angular de um elétron, o que ajudou Louis de Broglie a demonstrar que os elétrons ao redor de um núcleo se comportam como ondas, assim como pequenos planetas. Isso foi chamado de dualidade onda-partícula e, após estudar o conceito, Einstein afirmou que Broglie havia "levantado uma ponta do véu que encobre o Antigo".

Nada no mundo observável pode estar em dois lugares ao mesmo tempo — não faz sentido — e, no entanto, no nível subatômico, era exatamente isso que parecia estar acontecendo. Era como se fosse possível comprovar um delírio esquizofrênico com a matemática. Então, no decorrer de um dia e uma noite, enquanto tirava férias em um resort à beira-mar, Werner Heisenberg descobriu a mecânica quântica matricial. Ele tinha 23 anos. A teoria de Heisenberg propunha que um elétron não é uma partícula que existe em um lugar e em um momento da mesma forma que uma pessoa ou uma cadeira; na verdade, ele ocupa todas as posições ao mesmo tempo, como uma probabilidade estatística. Quando você o fixa ao observá-lo com um detector, o elétron congela em um determinado lugar e você perde todas as informações sobre seu momento. Ao parar de observá-lo, você recupera as informações sobre seu momento, mas perde sua localização. Não era possível ter as duas coisas.

Esse paradoxo ficou conhecido como o princípio da incerteza de Heisenberg, e forçou os físicos a chegarem à conclusão impossível de que o mundo subatômico foi *trazido à existência* pela observação. O ato de observar algo criou a própria coisa que estava sendo observada — coisa que, até então, existia apenas como um conjunto de probabilidades chamado função de onda. Em teoria, o gato de Schrödinger era uma enorme função de onda — vivo e morto ao mesmo tempo — até que a caixa fosse aberta, momento em que sua função de onda se convergia em um resultado ou outro. Isso estava acontecendo com toda matéria o tempo todo, criando o mundo em que vivemos.

Esses não eram jogos matemáticos que funcionavam apenas no papel; eram fenômenos do mundo real que a teoria quântica podia prever com uma precisão estimada de 1 milionésimo de 1%. Quando um fóton é disparado contra duas fendas, ele passa *pelas duas* como uma probabilidade até ser rastreado por um detector de fótons, momento em que sua função de onda colapsa e ele escolhe apenas uma. Ainda mais estranha foi a descoberta de que algumas partículas também estavam "emaranhadas" em nível quântico, de forma que, se você fizesse algo com uma delas, sua gêmea também reagiria. Diferentemente do que era possível no mundo macroscópico, a mudança era instantânea e não era afetada pela distância. Isso impôs uma escolha: ou a informação quântica pode viajar mais rápido que a luz ou as partículas possuem o que Einstein chamou de "variáveis ocultas", que determinam seu comportamento futuro. Nenhuma dessas opções é possível no universo que conhecemos.

Tais experimentos inquietaram até mesmo os homens que os conduziam. Einstein ficou tão perturbado com as implicações das teorias de Bohr que tentou refutá-las, mas acabou tendo de violar sua própria teoria da relatividade para fazê-lo. Schrödinger recorreu à citação dos Upanixades védicos, que sustentam que existe uma realidade universal última, chamada *Brahman*, e uma consciência interior, chamada *Atman*, e que elas são a mesma coisa. Sir Arthur Eddington — que ajudou a provar a teoria geral da relatividade de Einstein durante o eclipse solar de 1919 — simplesmente observou: "Algo desconhecido está fazendo algo que não sabemos."

Mas o que é verdade no nível subatômico também pode ser verdade para todo o universo. Os físicos, por fim, propuseram que o universo existia como uma função de onda quase infinita, contendo todos os resultados possíveis, até que o pensamento consciente o forçou a se desenvolver em sua forma singular atual. Curiosamente, a ideia teve uma origem religiosa distante, no início dos anos 1600, quando um jesuíta polonês descuidado chamado Kazimierz Łyszczyński redigiu um tratado secreto sugerindo que foram os humanos que criaram Deus, e não o contrário. Infelizmente, Łyszczyński havia emprestado muito dinheiro a um vizinho chamado John Brzoska, e Brzoska elaborou um plano para evitar o pagamento da dívida. Ele roubou o manuscrito de Łyszczyński e o entregou às autoridades da Igreja, que não demoraram a levar Łyszczyński a um tribunal e o condenaram à morte. Seu tratado foi destruído, mas, por ironia, seus pontos principais foram preservados ao serem lidos nos registros do tribunal. Eles incluem o seguinte (ligeiramente editado para fins de brevidade):

> Nós lhe rogamos (...) não extingam a luz da razão, não expulsem o sol deste mundo, não derrubem seu Deus do céu ao lhe atribuir o impossível. O homem é o criador de Deus, e Deus é um conceito e uma criação do homem. Deus não existe. A devoção foi introduzida pelos ímpios. O temor a Deus foi disseminado pelos destemidos para que, no final, as pessoas temessem a eles. Os mais simples são enganados pelos mais astutos com a fabricação de Deus para sua própria opressão.

Em termos religiosos, o crime cometido por Łyszczyński foi a heresia — a contradição da palavra de Deus. Heresia vem do grego clássico *haireomai*, "escolher", e há muito tempo é um dos crimes punidos com mais rigor pela humanidade. Como o bispo de Kiev observou com satisfação, Łyszczyński deveria ter sua língua arrancada com uma pinça em brasa por ter ofendido a Deus, suas mãos assadas lentamente em uma fogueira por terem escrito contra Deus, seu manuscrito queimado diante de seus olhos por ter ofendido a Deus, e, em seguida, ele deveria ser queimado vivo e suas cinzas disparadas por um canhão. A punição era cruel até mesmo para os padrões da Igreja da época, e um indulto real reduziu a pena a uma mera "decapitação e queima".

A alegação de Łyszczyński era que as pessoas não apenas privavam Deus de sua dignidade ao insistir que Ele fosse algo que não pode ser — um autocriador —, como também arrancavam da sociedade os benefícios da razão. No entanto, há um ponto em que a razão falha. O universo inteiro pode ser entendido matematicamente até o nível subatômico, mas apenas a religião afirma saber como ele veio a existir no princípio. A matemática e a razão falham por completo nesse aspecto. Sem Deus, ou a existência é inevitável — um estado para o qual não há matemática — ou é *quase* infinitamente improvável, mas veio a existir durante uma infinidade de tempo.

Quando eu era jovem, meu pai me contava histórias sobre pessoas como Łyszczyński, que foram martirizadas por insistirem na lógica e na razão. Sem essas pessoas, ele dizia, não haveria medicina, tecnologia avançada, engenharia estrutural, matemática, ciência ou filosofia. Segundo ele, a razão pela qual a sociedade árabe era mais avançada do que a sociedade europeia na Idade Média era porque o califado se esforçava em proteger os acadêmicos árabes dos efeitos retrógrados da religião. Ele citava regularmente todas as palavras científicas que começavam com "al" — alquimia, álgebra, álcool, Aldebaran — para garantir que eu soubesse que elas vinham de um estudo árabe secular do mundo. Isso chegou ao fim com o Iluminismo, quando a Europa se voltou para a ciência e a razão a fim de explicar a realidade enquanto o mundo árabe mergulhou na teologia autocrática. As duas sociedades inverteram os papéis, e meu pai insistia que a sociedade árabe ainda não se recuperou das consequências sociais e econômicas de atribuir tudo a Deus.

Certa noite, na época em que meus pais eram recém-casados, minha mãe preparava o jantar quando ouviu meu pai murmurar para si mesmo: "Isso é tão bonito. É a coisa mais linda que já vi." Meu pai estava sentado em uma poltrona com um livro aberto no colo, e minha mãe foi até lá na ponta dos pés para ver qual era a beleza que havia atraído tanto a atenção de seu novo marido. Ele lia um livro de física, e a página estava totalmente preenchida por equações e números. Na época, meu pai trabalhava para a Marinha dos Estados Unidos, tentando tornar as hélices de seus navios mais silenciosas, e tenho uma fotografia dele e de outros vinte cientistas sentados em mesas de conferência em um enorme semicírculo. Eram todos homens, todos faziam anotações e metade estava fumando. No verso, com a letra do meu pai, está escrito "Reunião do Torpedo Silencioso, julho de 1976".

Sobrevivi ao meu aneurisma porque cientistas muito parecidos com meu pai desenvolveram procedimentos quase milagrosos para manter as pessoas vivas. E então ele surgiu acima de mim no pior — e quase último — momento de minha vida, de um jeito que ele e todos os homens da Reunião do Torpedo Silencioso certamente teriam considerado uma alucinação. Agora me pego lendo artigos sobre teoria quântica e cosmologia para tentar entender o que vi; tentar entender por que ele estava lá. Ele apareceu quando eu mais precisava dele. Possivelmente, aquilo foi o seu maior ato de amor por mim. Ele foi um pai distraído e distante, um germofóbico que hesitava em pegar seus próprios filhos e podia desaparecer em meio a pensamentos por horas a fio — e, no entanto, lá estava ele. *Está tudo bem, não resista. Vou cuidar de você. Você pode vir comigo.*

Eu não me importaria se ele pairasse sobre mim no sofá de vez em quando para me explicar esses artigos de física. As ideias nesses artigos foram produzidas por uma espécie de desvario altamente funcional por parte dos físicos — não se pode inventar um quantum de ação em uma única noite sob um estado mental normal — e, honestamente, elas também estão me enlouquecendo um pouco. Além da linguagem ser quase absurda em sua densidade e precisão, ela destrói por completo nossa noção compartilhada do que é a realidade.

Presumimos que a vida é a coisa mais real que iremos experimentar, mas ela pode acabar sendo a menos real, a menos significativa. A ideia de que você dará mais valor à vida depois de quase morrer tem um quê de sabedoria barata, repetida com facilidade por pessoas que nunca estiveram perto da morte. Quando nos aprofundamos nisso — o que é necessário —, na verdade estamos falando de uma valorização da morte, e não da vida. No fim, você estará sozinho, com os médicos dando de ombros porque não há mais o que fazer, com a pessoa que você *realmente* é batendo de forma frenética em seu peito: os sucessos e catástrofes, casos amorosos e ressacas, amores genuínos e pequenas traições, lampejos de coragem, o rio de medo que corre por baixo de tudo e, claro, os vários períodos de tempo perdido que fazem parte até mesmo da vida mais incrível.

Você irá se conhecer melhor nesse momento; estará em sua forma mais real, mais honesta, mais espontânea. Se pudesse voltar no tempo para utilizar esse conhecimento durante a vida, você se tornaria exatamente a pessoa que sempre esperou ser — mas nenhum de nós faz isso. Não adquirimos esse conhecimento até que seja tarde demais, pois a essa altura ele já não pode ser corrompido pela vaidade, pelo orgulho ou pelo desejo.

* * *

SE

Se você criar seus filhos sem religião, estará criando filhos que farão perguntas que você não será capaz de responder. Se uma criança pergunta aos pais religiosos de onde vem o universo, a resposta será "Deus", invariavelmente, mas esses pais terão caído na falácia da "primeira causa": se tudo tem um criador, então Deus também deve ter, e sendo assim você volta ao ponto de partida. (Os físicos também não podem responder a essas perguntas, mas sua profissão se baseia em reconhecer isso.)

"Com a expansão da ciência, fica cada vez mais complicado falar sobre Deus em termos simplistas", escreve o físico Andrei Linde, de Stanford. "Aparentemente, as leis do universo funcionam de forma tão precisa que não precisamos de nenhuma hipótese de intervenção divina para descrever o comportamento do universo como o conhecemos. Resta um ponto que estava escondido de nós e que permaneceu inexplicado: o momento da criação do universo como um todo. O mistério da criação de tudo a partir do nada pode parecer grande demais para ser considerado do ponto de vista científico."

Quando eu era jovem, perguntei ao meu pai como o universo surgiu, e ele disse que não era inteligente o suficiente para entender, mas que algumas pessoas eram. "Não sou inteligente o bastante nem mesmo para entender a teoria da relatividade", acrescentou. Meu pai estava se referindo aos cosmólogos que haviam descoberto como olhar para o passado ao estudar os limites distantes do universo. Ao medir a radiação remanescente do que é conhecido como big bang, eles fizeram a engenharia reversa do processo para identificar o momento da criação há

13.787 bilhões de anos, mais ou menos 0,15 de 1% do total. Naquele momento, o universo, em teoria, media um "comprimento de Planck" — a menor distância possível do mundo subatômico — e era infinitamente quente e denso. Isso é chamado de "singularidade" e é o mais próximo que os físicos chegam de falar sobre Deus.

Na singularidade teórica não havia tempo, luz, espaço, gravidade, matemática, leis da física e nem constantes; todos os valores eram infinitos. O escritor científico Jim Holt a descreveu como um "espaço-tempo fechado de raio zero", o que significa que ela continha as três dimensões do espaço e a única dimensão do tempo em um ponto infinitamente pequeno. Mas o princípio da incerteza de Heisenberg afirma que todo estado — até mesmo o nada — deve incluir mudanças aleatórias, o que exige que o nada quântico às vezes se torne algo quântico. O universo começou a se inflar mais rápido do que a velocidade da luz 10^{-36} após a singularidade. As flutuações subatômicas do princípio da incerteza de Heisenberg cresceram de um comprimento de Planck para aglomerados de galáxias com centenas de anos-luz de diâmetro em um intervalo de tempo pequeno demais para ser medido. A expansão inicial parou em 10^{-33} segundos, e a força eletromagnética que liga os elétrons e os átomos surgiu em dez 10^{-12} segundos. Isso permitiu a formação da matéria. Depois disso, o universo começou a envolver níveis de energia baixos o suficiente para serem reproduzidos em um acelerador de partículas, de modo que o restante da criação é conhecido com muito mais detalhes.

"O próprio universo poderia ser o resultado de menos de um miligrama de matéria comprimida a um tamanho bilhões de vezes menor que um elétron", escreve Linde. "Podemos considerar nossa parte do universo uma flutuação quântica de vida extremamente longa... Não seria possível que a consciência, assim como o espaço-tempo, tenha sua própria liberdade intrínseca e que negligenciar essa liberdade leve a uma descrição do universo fundamentalmente incompleta?"

Uma teoria sustenta que a consciência é parte do mundo físico, como a gravidade, e foi parte da criação original do universo. Uma partícula subatômica efêmera chamada bóson de Higgs é responsável pela força da gravidade e dá massa à matéria; talvez uma partícula desconhecida semelhante seja responsável pela consciência. Ela permearia o universo da mesma forma que a gravidade e, assim como a gravidade, determinaria como tudo funciona. Sem ela, nada existiria; o universo seria apenas uma imensa função de onda. Os cientistas estão tão longe de explicar a consciência que não conseguem nem mesmo concordar com uma definição, ainda assim, ela é a maior conquista do mundo físico e parece ser a razão pela qual tudo existe na forma em que existe. A circularidade é audaciosa: uma mistura de minerais estruturada como um cérebro humano invoca o mundo à existência ao colapsar sua função de onda, concedendo realidade física aos próprios minerais de que o cérebro é feito.

"O problema mente-corpo é (...) o problema de fazer com que a consciência surja da biologia", escreve Donald Hoffman, do Departamento de Ciências Cognitivas da Universidade da Califórnia, em Irvine. "Até agora, ninguém conseguiu construir uma teoria científica que dê conta de como isso poderia acontecer. Esse fracasso é tão impressionante que leva alguns a se perguntarem se o *Homo sapiens* não possui o aparato conceitual necessário... Para resolver o problema mente-corpo, podemos considerar o físico como ponto de partida e explicar a gênese da experiência consciente, ou considerar a experiência consciente como ponto de partida e explicar a gênese do físico."

Mas não se pode fazer as duas coisas.

A palavra *espanto* é definida como uma mistura de surpresa e medo, e acredita-se que tenha derivado de uma palavra latina para *pavor*. E foi exatamente nesse sentido da palavra que comecei a reagir aos conceitos físicos que estava lendo a respeito. Eu queria entender o que meu pai estava fazendo acima de mim no centro de trauma e, por fim, queria entender o mundo dele e a maneira como ele pensava. Mas quanto mais me aproximava, mais me sentia tomado por uma espécie de terror primitivo. Os segredos que os físicos têm revelado me fizeram sentir como se estivéssemos procurando encrenca; como se fôssemos ingratos e corrêssemos o risco de receber uma punição. Seria o mistério um elemento necessário do universo, assim como a gravidade, a luz e a força eletromagnética? Deus ficaria zangado se os cientistas O explicassem por completo? Saber tudo poderia resultar em perder tudo?

A transgressão definitiva de tudo o que consideramos serem as leis imutáveis da natureza pode ser algo chamado de apagamento quântico da escolha atrasada, e qualquer teoria plausível sobre uma realidade pós-morte quase certamente teria de envolver algo tão extravagante. Está bem estabelecido que a observação de um experimento de dupla fenda força os fótons a agirem como partículas em vez de ondas e a passarem por uma fenda de cada vez, enquanto os fótons não observados passam por ambas. E está bem estabelecido que partículas "emaranhadas" no nível quântico afetam umas às outras a qualquer distância instantaneamente, incluindo todo o universo. Em uma tentativa de voltar no tempo e apagar a realidade, os físicos combinaram esses dois fenômenos em um único experimento que testou partículas emaranhadas na ilha de La Palma, no arquipélago das Canárias, e na ilha de Tenerife, a 140 quilômetros de distância.

(Para os corajosos ou apenas curiosos, uma versão um pouco resumida da descrição técnica desse experimento é a seguinte: "Fótons únicos, polarizados linearmente, são enviados por um divisor de feixe de polarização através de um interferômetro com dois caminhos espacialmente separados, associados a polarizações S e P ortogonais. O divisor de feixe de saída móvel consiste na combinação de uma placa de meia onda, um divisor de feixe de polarização, um modulador eletro-óptico com seu eixo óptico orientado a 22,5° das polarizações de entrada e um prisma de Wollaston. Os dois feixes do interferômetro, separados espacialmente e polarizados ortogonalmente, são, em primeiro lugar, sobrepostos pelo divisor de feixes, mas ainda podem ser identificados sem ambiguidade por sua polarização.")

Ou seja, em uma ilha, os pesquisadores dispararam uma partícula nas fendas duplas, e ela passou por ambas como uma função de onda não observada. A 140 quilômetros de distância, por meio de um cabo de fibra óptica, eles então dispararam sua gêmea emaranhada em fendas duplas enquanto a observavam com um detector de fótons; como esperado, sua função de onda se comprimiu e ela passou por apenas uma fenda. Mas agora o universo tinha um problema: as partículas emaranhadas precisavam fazer exatamente a mesma coisa, mas a escolha atrasada as induziu a agir de forma diferente. Isso era impossível. No entanto, quando os pesquisadores verificaram a placa de impacto do primeiro teste, descobriram que a função de onda *havia sido comprimida retroativamente pelo segundo teste e forçada a passar por uma única fenda*. A informação quântica havia sido apagada.

O risco do conhecimento humano não apenas muda o que irá acontecer; ele revisa o que *já* aconteceu e produz um resultado diferente. Nesse contexto, me pego pensando bastante sobre o sonho que tive antes de quase morrer, em que eu estava flutuando acima da minha família, mas não conseguia me comunicar com elas. Não havia como ter certeza de que *era* um sonho; talvez eu *tenha* morrido, e a sensação de estar morto seja exatamente essa. O dr. Wilson não consegue colocar o catéter Cordis em mim a tempo, meus coagulantes ficam fora de controle, meu coração para no centro de trauma, e o dr. Kohler disca o número de telefone que dei a ele. Barbara atende, e há um momento de silêncio em que todos entendem. Minhas filhas olham confusas, agarradas às babás. Uli está de pé, andando de um lado para o outro: "Ah não, ah não." Alguém leva Barbara ao hospital para se despedir do meu corpo e preencher a papelada. Minhas filhas crescem sem um pai. Minha mãe é enterrada depois de seu primogênito. O mundo segue em frente. O universo não percebe.

Às vezes, preciso pôr as mãos na cabeça e dizer a mim mesmo para não tomar esse rumo. Às vezes, é necessário um esforço para acreditar que eu não morri e que o que estou vivenciando agora é real. Há uma teoria de que, a cada momento, todas as possibilidades em nossas vidas são realizadas e que uma multiplicidade quase infinita de universos se estende pela eternidade a partir de cada um de nós. (A única coisa que o universo tem em abundância é o espaço-tempo e, presumivelmente, ele não teria problema em acomodar tal extravagância.) Talvez eu tenha morrido e minha família teve que continuar sem mim. Isso me faz querer encontrá-la e me certificar de que estão bem. Me faz querer dizer a elas que eu não tive a intenção de partir, e que existe uma realidade paralela — aquela em que acho que estou agora — onde ainda estamos todos juntos.

Outra teoria da realidade é "a temível doutrina das mônadas de Leibniz", como disse Schrödinger. É uma teoria impossível de ser refutada, mas estranhamente inútil. Gottfried Leibniz foi um matemático do século XVII que concebeu um mundo composto de partículas irredutíveis chamadas mônadas que, levado à sua conclusão lógica, implica que cada pessoa passa a vida sozinha em um universo autorreferencial individual. Schrödinger rejeitou a teoria de Leibniz ao propor que o universo foi construído exatamente da maneira oposta: nossas experiências individuais são uma ilusão que oculta a realidade definitiva de uma grande consciência. "Os místicos de diversos séculos, de forma independente, mas em perfeita harmonia uns com os outros, descreveram, cada um deles, a experiência única de suas vidas em termos que podem ser resumidos na frase *Deus factum sum*", eu me tornei Deus.

Em um mundo assim, a consciência nunca poderia ser perdida, pois faz parte do tecido cósmico, e meu pai, como uma função de onda quântica, poderia me receber de volta na grande vastidão da qual todos nós viemos. Podemos nos permitir o ligeiro pensamento de que *é* estranho que tantas religiões, tantos moribundos, tantos extáticos, tantos profetas, tantos esquizofrênicos, tantos xamãs e tantos físicos quânticos acreditem que a morte não é uma separação final, mas uma fusão definitiva, e que a realidade que consideramos ser a vida é, na verdade, uma distração passageira de algo tão profundo, tão real, tão abrangente, que muitos retornam aos seus corpos insignificantes no campo de batalha ou na maca do hospital só com muita relutância e certo embaraço. Como posso trocar a verdade por uma ilusão? Como posso aceitar essa versão menor de mim mesmo?

Nosso universo foi criado por forças desconhecidas, não apresenta uma razão implícita para existir e parece violar suas próprias leis básicas. Em um mundo assim, o que *não poderia* acontecer? Meu pai morto surgindo acima de mim em um centro de trauma é o mínimo que pode acontecer. Quando tentei encontrar a enfermeira da UTI que havia sugerido que eu pensasse em minha experiência como algo sagrado em vez de assustador, ninguém no hospital sabia quem ela era; ninguém sequer sabia do que eu estava falando. Passou pela minha cabeça que ela não existia. Minha experiência foi sagrada, decidi por fim, porque eu não poderia conhecer a vida de verdade até conhecer a morte, e não poderia conhecer a morte de verdade até que ela viesse para mim. Sem a morte, a vida não requer foco, coragem ou escolha. Sem a morte, a vida é apenas uma façanha extraordinária que nunca para.

Mas um universo em que a consciência está entrelaçada na própria natureza da matéria parece explicar tanto os maiores quebra-cabeças quânticos quanto nossa experiência subjetiva da vida. A proposta, às vezes conhecida como biocentrismo e defendida por um médico norte-americano chamado Robert Lanza, nos protege da infinidade de consciências individuais ao mesmo tempo que nos coloca acima do vazio da biologia pura. Seus críticos dizem que o biocentrismo não é uma teoria legítima, já que não pode ser testada, mas isso não significa que ela esteja errada. Se a consciência compreende uma parte essencial do universo físico, a própria ideia de testar sua existência pode ser uma impossibilidade lógica.

A palavra *apocalipse* vem do grego *apokalupsis*, "revelar", pois é dito que todo o conhecimento será revelado no colapso final. Uma última e aterrorizante teoria propõe que é cosmicamente proibido obter esse conhecimento de antemão, porque a consciência não poderia sobreviver a uma compreensão completa de si mesma e, à medida que os físicos se aproximam da verdade final e apocalíptica, os resultados dos testes tornam-se cada vez menos confiáveis, até, por exemplo, chegar ao ponto em que partículas emaranhadas em Tenerife parecem retroceder e ajustar resultados de partículas geminadas em La Palma, e nossa credulidade diante de tais fenômenos seria a forma que o cosmo tem para *nos* enganar e estabelecer um resultado muito maior: que a verdade suprema nunca deve ser conhecida, pois uma vez que o conhecedor compreende que ele é a totalidade de todas as coisas, o universo se torna fatalmente autorreferencial e entra em colapso retornando a um espaço-tempo fechado de raio zero, com todos os valores zerados e toda a história aniquilada.

Quando eu tinha 16 ou 17 anos, convenci meu pai a ir acampar comigo nas White Mountains de New Hampshire. Ele nunca havia dormido ao ar livre, e achei que já era hora. Era final de outubro, anoiteceu mais rápido do que esperávamos e, com a noite, veio o frio. Estávamos em uma floresta de abetos, logo abaixo da linha das árvores, procurando um lugar para dormir. Foi então que percebi que meu pai não estava agindo de forma muito coerente. Ele estava se comportando de maneira estranhamente passiva, como uma criança, desinteressado pelo que acontecia ao seu redor. Tínhamos avançado quilômetros floresta adentro e estávamos e completamente sozinhos; eu teria que resolver aquilo.

Montei a barraca, desenrolei um saco de dormir e disse ao meu pai para entrar. Ele tremia muito e era quase certo que estava com hipotermia. Ainda havia luz do dia para juntar lenha, e acendi uma chama em uma casca de bétula, alimentando o fogo até que houvesse um pequeno círculo de calor na imensa escuridão boreal ao nosso redor. Eu me agachei na beirada da chama, preparei uma panela de sopa e, em seguida, despejei a sopa em xícaras de lata e levei para o meu pai na barraca. Ele recusou com um gesto, murmurando que só queria dormir, mas insisti e ele por fim tomou um gole. Ficamos sentados de pernas cruzadas, tomando sopa e conversando sobre nossos planos para a manhã seguinte. À medida que meu pai se aquecia, ele voltou a ser meu pai, e eu voltei a ser seu filho.

Depois de um tempo, ele disse que estava cansado, se deitou e fechou os olhos. Fiquei ali sentado, observando seu peito subir e descer até ter certeza de que ele estava dormindo. Hoje sou muito mais velho do que ele era naquela noite, e finalmente entendo o quanto meu pai deve ter confiado em mim naquela viagem, o quanto ele devia me amar. Estamos todos ao pé de uma montanha, impressionados com a rapidez com que escureceu; a única questão é se estamos com pessoas que amamos ou não. Não há mais nada — nenhuma crença, religião ou fé —, apenas isso. Somente o entendimento de que, quando finalmente fecharmos os olhos, alguém estará lá para cuidar de nós enquanto partimos para aquela vasta noite crescente.

Nota do autor sobre doação de sangue

Sobrevivi a uma ruptura de aneurisma na artéria pancreática em parte porque recebi dez unidades de sangue para repor o que havia perdido no abdômen. Em outras palavras, dez doadores de sangue anônimos ajudaram a salvar minha vida. Como gratidão, agora doo sangue sempre que me é permitido — cerca de três ou quatro vezes por ano. Por favor, faça uma doação no banco de sangue mais próximo; você pode muito bem salvar a vida de uma criança ou de um pai, e um dia você mesmo pode precisar. A doação de sangue é indolor, segura e leva menos de uma hora. Existem poucas formas de fazer parte de algo maior do que si mesmo, e doar sangue é uma das mais fáceis e nobres. Procure o centro de doação de sangue mais próximo na sua cidade.

Agradecimentos

Em primeiro lugar, devo agradecer à incrível equipe do Hospital Cape Cod, em Hyannis, por salvar minha vida — especialmente aos médicos Steve Kohler, Spencer Wilson, Craig Cornwall, Phil Dombrowski e Daniel Gorin. E também a Joe Lang — que estava na ambulância comigo — e sua esposa, Sara, que concordaram em conversar comigo sobre minha experiência, assim como vários dos médicos que me atenderam. Os radiologistas intervencionistas dr. Lynn Brody e dr. Richard Baum, e o ex-médico de combate dr. Eric Goralnick, concordaram em conceder entrevistas e me ajudaram a entender esse tópico incrivelmente complexo. Também devo agradecer ao dr. Christian Koch, à Rachel Rackow, à Deirdre Barrett, ao dr. Jeff Rediger, ao dr. Justin Sander, à dra. Sarah Abedi e à Kelly Paterson por conversarem longamente comigo e me ajudarem a orientar minha pesquisa. Também sou muitíssimo grato a uma jovem estudante de medicina chamada Charlotte, que confortou minha esposa em um momento muito difícil.

Grande parte da pesquisa foi levantada por Ami Karlage, a quem tenho uma enorme dívida. Além disso, meu amigo Arin Hirst me deu orientações cruciais sobre alguns dos princípios mais abstratos da física subatômica e da entropia. Christian Rogowski, a quem fui apresentado pelo meu amigo Alex Bruskin, fez um grande esforço para traduzir um poema que Erwin Schrödinger escreveu à mão para minha tia-avó Ithi. (O poema não aparece no livro, mas sou imensamente grato pela tradução; Schrödinger era um físico muito melhor do que um poeta.) Os colegas de meu pai, Joel Garrelick e Rudolph Martinez, tiveram a paciência de responder às minhas intermináveis perguntas sobre física e leram meu manuscrito em busca de erros factuais. Todas as entrevistas que fiz foram transcritas com incrível precisão por Kathryn Drury. Também devo agradecer ao meu agente, Stuart Krichevsky, e sua assistente, Aemilia Phillips, bem como aos editores Sean Maning e Jonathan Karp, da Simon & Schuster, além de Julia Prosser, Cat Boyd, Jonathan Evans e Stephen Bedford. Rob Leaver leu e releu o manuscrito e ajudou demais nas etapas finais da escrita. Teo, que cuidou de minha mãe e de meu pai quando eles morreram, fez algo tão profundo e importante para minha família que é difícil saber como agradecê-la de forma adequada.

Por fim, devo agradecer à Barbara por ter lido muitas versões preliminares do manuscrito, por ter fornecido insights cruciais, por ter feito ótimas perguntas e por ter insistido para que os paramédicos me levassem ao hospital.

Fontes

Antes de tudo, devo dizer que, minha compreensão básica da situação médica em que me encontrava — e como ela foi resolvida — veio de entrevistas com o dr. Steve Kohler e o dr. Craig Cornwall, do Hospital Cape Cod, em Hyannis. O dr. Eric Goralnick, do Brigham and Womens's Hospital, em Boston, também forneceu informações cruciais sobre meu caso e a incrível tecnologia envolvida. Um livro maravilhoso chamado *Who Goes First*, do dr. Lawrence Altman, forneceu quase todas as informações sobre como o cateter venoso foi inventado.

Há uma extensa literatura sobre experiências de quase morte, mas os livros mais importantes e úteis para minha pesquisa foram: *O que acontece quando morremos* e *Erasing Death*, do dr. Sam Parnia; *Depois da vida*, do dr. Bruce Greyson; *Uma história social do morrer*, de Allan Kellehear; *A ciência das experiências de quase-morte*, de John C. Hagan III (organizador); *Deathbed Visions*, de Sir William Barrett; *The Worm at the Core*, de Sheldon Solomon, Jeffrey Greenberg e Tom Pyszczynski; e *The Spiritual Doorway in the Brain*, do dr. Kevin Nelson. O tópico relacionado a vida, morte e ciência foi extraído de dois livros incríveis: *What Is Life?*, de Addy Pross; e *Every Life Is on Fire*, de Jeremy England.

A biografia definitiva de Erwin Schrödinger é *Schrödinger: Life and Thought*, de Walter Moore. O livro confirma as histórias da minha família sobre seu caso com minha tia-avó Ithi; na verdade, meu pai revisou o livro para uma publicação científica. Os livros populares de Schrödinger, *My View of the World* e *O que é a vida?*, também oferecem uma ótima visão da mente desse homem extraordinário. Há dezenas de livros sobre física subatômica, consciência e cosmologia, mas os que mais me interessam são: *Thirty Years That Shook Physics*, de George Gamow; *O enigma quântico: o encontro da física com a consciência*, de Bruce Rosenblum e Fred Kuttner; *Biocentrism*, do dr. Robert Lanza com Bob Berman; *Mindful Universe*, de Henry P. Stapp; *Quantum Questions*, de Ken Wilber (editor); *Por que o mundo existe?*, de Jim Holt; e *Consciousness*, de Susan Blackmore.

Além disso, fiz referência a trabalhos de pequisa, organizados por categoria na seção a seguir. Nem todo esse material foi incluído em meu livro, mas, como um todo, ele formou o enorme corpo de conhecimento que orientou o meu trabalho.

Por fim, é importante observar que alguns poucos nomes foram alterados para proteger a privacidade de determinados indivíduos.

REFERÊNCIAS MÉDICAS

Agar, M., Y. Alici e W. S. Breitbart. "Delirium". **Oxford Textbook of Palliative Medicine**, organizado por N. Cherny et al., 1092-1100. Oxford: Oxford University Press, 2015.

Armstrong, M. B., K. S. Stadtlander e M. K. Grove. "Pancreaticoduodenal Artery Aneurysm Associated with Median Arcuate Ligament Syndrome". **Annals of Vascular Surgery**, 28, nº 3 (2014): 741.e1-741.e5.

Babic, A. M. e C. D. Hillyer. "Overview of Adverse Events and Outcomes Following Transfusion". **Transfusion Medicine and Hemostasis: Clinical and Laboratory Aspects**, organizado por B. H. Shaz, C. D. Hillyer, M. Roshal e C. S. Abrams, 383-387. Amsterdã: Elsevier, 2013.

Black, S. Our Cells and Ourselves. **All That Remains: A Renowned Forensic Scientist on Death, Mortality, and Solving Crimes**, 31-60. Nova York: Arcade Publishing, 2018.

Chan, R. P. e E. David. "Reperfusion of Splanchnic Artery Aneurysm Following Transcatheter Embolization: Treatment with Percutaneous Thrombin Injection". **CardioVascular and Interventional Radiology**, 27, nº 3 (2004): 264-267.

Chiang, K. S., C. M. Johnson, M. A. McKusick, T. P. Maus e A. W. Stanson. "Management of Inferior Pancreaticoduodenal Artery Aneurysms: A 4-Year, Single Center Experience". **CardioVascular and Interventional Radiology**, 17, nº 4 (1994): 217-221.

Cope, C. e R. Zeit. "Coagulation of Aneurysms by Direct Percutaneous Thrombin Injection". **American Journal of Roentgenology**, 147, nº 2 (1986): 383-387.

De Perrot, M., T. Berney, J. Deleaval, L. Buhler, G. Mentha e P. Morel. "Management of True Aneurysms of the Pancreaticoduodenal Arteries". **Annals of Surgery**, 229, nº 3 (1999): 416-420.

Devery, K., D. Rawlings, J. Tieman e R. Damarel. "Deathbed Phenomena Reported by Patients in Palliative Care: Clinical Opportunities and Responses". **International Journal of Palliative Nursing**, 21, nº 3 (2015): 24-32.

Ferguson, F. "Aneurysm of the Superior Pancreaticoduodenalis, with Perforation into the Common Bile Duct". **Anais da Sociedade Patológica de Nova York**, 24 (1895).

Flood, K. e A. A. Nicholson. "Aneurysm of the Superior Pancreaticoduodenalis, with Perforation into the Common Bile Duct". **CardioVascular and Interventional Radiology**, 36, nº 3 (2013): 578-587.

Ghassemi, A., D. Javit e E. H. Dillon. "Thrombin Injection of a Pancreaticoduodenal Artery Pseudoaneurysm After Failed Attempts at Transcatheter Embolization". **Journal of Vascular Surgery**, 43, nº 3 (2006): 618-622.

Goodnough, L. T., M. E. Brecher, M. H. Kanter e J. P. AuBuchon. "Transfusion Medicine. First of Two Parts-Blood Transfusion". **New England Journal of Medicine**, 340, nº 6 (1999): 438--447.

Hagisawa, K., M. Kinoshita, H. Sakai e S. Takeoka. "Artificial Blood Transfusion: A New Chapter in an Old Story". **Physiology News** (março de 2021).

Heidrich, D. E. e N. K. English. "Delirium". **Care of the Imminently Dying**, organizado por B. Farrell et al., 1-22. Oxford: Oxford University Press, 2015.

Hillyer, C. D. "Blood Banking and Transfusion Medicine-History, Industry, and Discipline". **Transfusion Medicine and Hemostasis: Clinical and Laboratory Aspects**, organizado por B. H. Shaz, C. D. Hillyer, M. Roshal e C. S. Abrams, 3-9. Amsterdã: Elsevier, 2013.

Hooper, N. e T. J. Armstrong. "Hemorrhagic Shock". **StatPearls**. Treasure Island, FL: StatPearls Publishing, 2021.

Horiguchi, A., S. Ishihara, M. Ito et al. "Multislice CT Study of Pancreatic Head Arterial Dominance". **Journal of Hepato-Biliary-Pancreatic Surgery**, 15, nº 3 (2008): 322-326.

Ikeda, O., Y. Tamura, Y. Nakasone, K. Kawanaka e Y. Yamashita. "Coil Embolization of Pancreaticoduodenal Artery Aneurysms Associated with Celiac Artery Stenosis: Report of Three Cases". **CardioVascular and Interventional Radiology**, 30, nº 3 (maio-junho de 2007): 504-507.

Ikoma, A. Inferior "Pancreaticoduodenal Artery Aneurysm Treated with Coil Packing and Stent Placement". **World Journal of Radiology**, 4, nº 8 (2012): 387.

Izumi, M., M. Ryu, A. Cho et al. "Ruptured Pancreaticoduodenal Artery Aneurysm Treated by Superselective Transcatheter Arterial Embolization and Preserving Vascularity of Pancreaticoduodenal Arcades". **Journal of Hepato-Biliary-Pancreatic Surgery**, 11, nº 2 (2004): 145-148.

Jimenez J. C., F. Rafidi e L. Morris. "True Celiac Artery Aneurysm Secondary to Median Arcuate Ligament Syndrome". **Vasculary and Endovascular Surgery**, 45, nº 3 (2011): 288-289.

Jimenez, J. C., M. Harlander-Locke e E. P. Dutson. "Open and Laparoscopic Treatment of Median Arcuate Ligament Syndrome". **Journal of Vascular Surgery**, 56, nº 3 (2012): 869-873.

Katsura, M., M. Gushimiyagi, H. Takara e H. Mototake. "True Aneurysm of the Pancreaticoduodenal Arteries: A Single Institution Experience". **Journal of Gastrointestinal Surgery**, 14, nº 9 (2010): 1409-1413.

Koganemaru, M., T. Abe, M. Nonoshita et al. "Follow-up of True Visceral Artery Aneurysm After Coil Embolization by Three- -Dimensional Contrast-Enhanced MR Angiography". **Diagnostic and Interventional Radiology**, 20, nº 2 (2014): 129-135.

Lacey, J. "Management of the Actively Dying Patient". **Oxford Textbook of Palliative Medicine**, organizado por N. Cherny et al., 1125-1133. Oxford: Oxford University Press, 2015.

Lasheras, J. C. "The Biomechanics of Arterial Aneurysms". **Annual Review of Fluid Mechanics**, 39, nº 1 (janeiro de 2007): 293-319.

Lossing, A. G., H. Grosman, R. A. Mustard e E. M. Hatswell. "Emergency Embolization of a Ruptured Aneurysm of the Pancreaticoduodenal Arcade. **Canadian Journal of Surgery**, 38, nº 4 (1995): 363-365.

Loukas, M., J. Pinyard, S. Vaid, C. Kinsella, A. Tariq e R. S. Tubbs. "Clinical Anatomy of Celiac Artery Compression Syndrome: A Review". **Clinical Anatomy**, 20, nº 6 (2007): 612-617.

Lowey, Susan E. **Nursing Care at the End of Life: What Every Clinician Should Know.** Open SUNY. Nova York: Milne, 2015.

Mano, Y., Y. Takehara, T. Sakaguchi et al. "Hemodynamic Assessment of Celiaco-Mesenteric Anastomosis in Patients with Pancreaticoduodenal Artery Aneurysm Concomitant with Celiac Artery Occlusion Using Flow-Sensitive Four-Dimensional

Magnetic Resonance Imaging". **European Journal of Vascular and Endovascular Surgery**, 46, n.º 3 (2013): 321-328.

National Institutes of Health, National Institute on Aging. Providing Care and Comfort at the End of Life, disponível em: <https://www.nia.nih.gov/health/providing-comfort-end-life>.

Norfolk, D. **Handbook of Transfusion Medicine**, 5ª ed., Norwich, Reino Unido: TSO, 2013. Norwich, Reino Unido: TSO, 2013.

Nosher, J. L., J. Chung, L. S. Brevetti, A. M. Graham e R. L. Siegel. "Visceral and Renal Artery Aneurysms: A Pictorial Essay on Endovascular Therapy". **Radiographics**, 26, n.º 6 (2006) 1687--1704.

Palliative and End-of-Life Care. **Harrison's Manual of Medicine**, 20ª ed., editada por J. Larry Jameson et al. Nova York: McGraw Hill, 2020, disponível em: <https://accessmedicine.mhmedical.com/content.aspx?bookid=2738&sectionid=227555538>.

Pang, T. C. Y., R. Maher, S. Gananadha, T. J. Hugh e J. S. Samra. "Peripancreatic Pseudoaneurysms: A Management-Based Classification System". **Surgical Endoscopy and Other Interventional Techniques**, 28, n.º 7 (2014): 2027-2038.

Rossi, E. C. e T. L. Simon. "Transfusion in the New Millennium". **Rossi's Principles of Transfusion Medicine**, 4ª ed., organizado por T. L. Simon, E. L. Snyder, B. G. Solheim et al., 1-14. Hoboken, NJ: Blackwell Publishing, 2009.

Sachdev-Ost, U. "Visceral Artery Aneurysms: Review of Current Management Options". **Mount Sinai Journal of Medicine**, 77, n.º 3 (2010): 296-303.

Savastano, S., G. P. Feltrin, D. Miotto, M. Chiesura-Corona e P. Sandri. "Embolization of Ruptured Aneurysm of the

Pancreaticoduodenal Artery Secondary to Long-Standing Stenosis of the Celiac Axis: Case Reports". **Vascular and Endovascular Surgery**, 29, nº 4 (1995): 309-314.

Scovell, S. e A. Hamdan. "Celiac Artery Compression Syndrome". **UpToDate.com**, 28 de janeiro de 2021, acessado em 17 de agosto de 2021.

Sgroi, M. D., N. Kabutey, M. Krishnam e R. M. Fujitani. "Pancreaticoduodenal Artery Aneurysms Secondary to Median Arcuate Ligament Syndrome May Not Need Celiac Artery Revascularization or Ligament Release". **Annals of Vascular Surgery**, 29, nº 1 (2015): 122.e1-122.e7.

Shaz, B. H. e C. D. Hillyer. "Massive Transfusion". **Transfusion Medicine and Hemostasis: Clinical and Laboratory Aspects**, organizado por B. H. Shaz, C. D. Hillyer, M. Roshal e C. S. Abrams, 367-372. Amsterdã: Elsevier, 2013.

Shi, P. A. "Patient Blood Management". **Transfusion Medicine and Hemostasis: Clinical and Laboratory Aspects**, organizado por B. H. Shaz, C. D. Hillyer, M. Roshal e C. S. Abrams, 373-381. Amsterdã: Elsevier, 2013.

Site da Hospice Foundation, Signs of Approaching Death, disponível em: <https://hospicefoundation.org/Hospice-Care/Signs-of-Approaching-Death>.

Site do Stanford Palliative Care Center of Excellence, disponível em: <https://palliative.stanford.edu/transition-to-death/signs-ofimpending-death/>.

Stambo, G. W., M. J. Hallisey e J. J. Gallagher. "Arteriographic Embolization of Visceral Artery Pseudoaneurysms". **Annals of Vascular Surgery,** 10, nº 5 (1996): 476-480.

Sumpio, B. "Overview of Visceral Artery Aneurysm and Pseudoaneurysm". **UpToDate.com,** 24 de novembro de 2020, acessado em 17 de agosto de 2021.

Sutton, D. e G. Lawton. "Coeliac Stenosis or Occlusion with Aneurysm of the Collateral Supply". **Clinical Radiology,** 24, nº 1 (janeiro de 1973): 49-53.

Suzuki, K., H. Kashimura, M. Sato et al. "Pancreaticoduodenal Artery Aneurysms Associated with Celiac Axis Stenosis Due to Compression by Median Arcuate Ligament and Celiac Plexus". **Journal of Gastroenterology,** 33, nº 3 (junho de 1998): 434-438.

Suzuki, K., Y. Tachi, S. Ito et al. "Endovascular Management of Ruptured Pancreaticoduodenal Artery Aneurysms Associated with Celiac Axis Stenosis". **CardioVascular and Interventional Radiology** 31, nº 6 (2008): 1082-1087.

Takao, H., I. Doi, T. Watanabe, N. Yoshioka e K. Ohtomo. "Natural History of True Pancreaticoduodenal Artery Aneurysms". **British Journal of Radiology,** 83, nº 993 (setembro de 2010): 744-746.

Tarazov, P. G., A. M. Ignashov, A. V. Pavlovskij e A. S. Novikova. "Pancreaticoduodenal Artery Aneurysm Associated with Celiac Axis Stenosis: Combined Angiographic and Surgical Treatment". **Digestive Diseases and Sciences,** 46, nº 6 (junho de 2001): 1232-1235.

Tien, Y.-W., H.-L. Kao e H.-P. Wang. "Celiac Artery Stenting: A New Strategy for Patients with Pancreaticoduodenal Artery

Aneurysm Associated with Stenosis of the Celiac Artery". **Journal of Gastroenterology**, 39, nº 1 (2004): 81-85.

Tisdale, S. A Good Death. **Advice for Future Corpses (and Those Who Love Them): A Practical Perspective on Death and Dying**. Nova York: Gallery Books, 2018, pp. 39-62.

Tori, M., M. Nakahara, H. Akamatsu, S. Ueshima, M. Shimizu e K. Nakao. "Significance of Intraoperative Monitoring of Arterial Blood Flow Velocity and Hepatic Venous Oxygen Saturation for Performing Minimally Invasive Surgery in a Patient with Multiple Calcified Pancreaticoduodenal Aneurysms with Celiac Artery Occlusion". **Journal of Hepato-Biliary-Pancreatic Surgery**, 13, nº 5 (2006): 472-476.

"Treatment of Visceral Artery Aneurysm and Pseudoaneurysm". **UpToDate.com**, 24 de novembro de 2020, acessado em 17 de agosto de 2021.

Upchurch, G. R., G. B. Zelenock e J. C. Stanley. "Splanchnic Artery Aneurysms". **Vascular Surgery**, 6ª ed., organizado por R. B. Rutherford, 1565-1581. Filadélfia: W. B. Saunders, 2005.

EXPERIÊNCIAS DE QUASE MORTE

Aminoff, M. J., M. M. Scheinman, J. C. Griffin e J. M. Herre. "Electrocerebral Accompaniments of Syncope Associated with Malignant Ventricular Arrhythmias". **Annals of Internal Medicine** 108 (1988): 791-796.

Aspect, A. et al. "Experimental Tests of Realistic Local Theories via Bell's Theorem". **Physical Review Letters**, 47, nº 7 (1981): 460--463.

Bailey, L. W. "A 'Little Death': The Near-Death Experience and Tibetan Delogs". **Journal of Near-Death Studies**, 19, nº 3 (primavera de 2001): 139-159.

Black, D. W., e J. E. Grant, (orgs.). **DSM-5 Guidebook: The Essential Companion to the Diagnostic and Statistical Manual of Mental Disorders**, 5ª ed., Washington, DC: American Psychiatric Publishing, 2014.

Blackmore, S. Near-Death Experiences. **The Skeptic Encyclopedia of Pseudoscience**, organizado por M. Shermer, 152-157. Santa Barbara, CA: ABC-CLIO, 2002.

Blanke, O. e S. Dieguez. "Leaving Body and Life Behind: Out-of-Body and Near-Death Experience". **The Neurology of Consciousness**, organizado por S. Laureys e G. Tononi, 303-325. Amsterdã: Elsevier, 2009.

Blanke, O., N. Faivre e S. Dieguez. "Leaving Body and Life Behind: Out-of- Body and Near-Death Experience". **The Neurology of Consciousness**, 2ª ed., organizado por S. Laureys, O. Gosseries e G. Tononi, 323-347. Amsterdã: Elsevier, 2016.

Braude, S. E. **First Person Plural: Multiple Personality and the Philosophy of Mind.** Nova York: Routledge, 1991.

Carhart-Harris, R. L. et al. "Neural Correlates of the Psychedelic State as Determined by fMRI Studies with Psilocybin". **Proceedings of the National Academy of Sciences of the United States of America**, 109, nº 6 (2012): 2138-2143.

Carhart-Harris, R. L. et al. "Neural Correlates of the LSD Experience Revealed by Multimodal Neuroimaging". **Proceedings of the National Academy of Sciences of the United States of America**, (PNAS Early Edition) 113, nº 17 (abril de 2016), disponível em: <https://doi.org/10.1073/pnas.1518377113>.

Carr, D. B. e M. "Prendergast. Endorphins at the Approach of Death". **Lancet**, 317, nº 8216 (1981): 343-400.

Carr, D. B. "Pathophysiology of Stress-Induced Limbic Lobe Dysfunction: A Hypothesis for NDEs". **Anabiosis - The Journal for Near-Death Studies**, 2 (1982): 75-89.

Cassol, Helena et al. "Memories of Near-Death Experiences: Are They Self-Defining?". **Neuroscience of Consciousness**, 2019, nº 1, niz002 (2019), disponível em: <https:doi.org/10.1093/nc/niz002.

Conn, Henry R. The Mental Universe. **Nature**, 436 (6 de julho de 2005): 29.

Cook, E. W., B. Greyson e I. Stevenson. "Do Any Near-Death Experiences Provide Evidence for the Survival of Human Personality After Death? Relevant Features and Illustrative Case Reports". **Journal of Scientific Exploration**, 12, nº 3 (1998): 377-406.

Craffert, P. F. "Making Sense of Near-Death Experience Research: Circumstance Specific Alterations of Consciousness". **Anthropology of Consciousness**, 30, nº 1 (2019): 64-89.

DeVries, J. W., P. F. Bakker, G. H. Visser, J. C. Diephuis e A. C. van Huffelen. "Changes in Cerebral Oxygen Uptake and Cerebral Electrical Activity During Defibrillation Threshold Testing". **Anesthesiology and Analgesia**, 87, nº 1 (1998): 16-20.

Eagleman, D. **Incognito: The Secret Lives of the Brain.** Nova York: Canongate, 2011.

Fracasso, C., S. Aleyasin, H. Friedman e M. Young. "Near-Death Experiences Among a Sample of Iranian Muslims". **Journal of Near-Death Studies**, 29 (2010): 271.

French, C. C. "Near-Death Experiences in Cardiac Arrest Survivors". **Progress in Brain Research**, 150 (2005): 351-367.

Friston, K., B. Sengupta e G. Auletta. "Cognitive Dynamics: From Attractors to Active Inference". **Proceedings of the IEEE**, 102, nº 4 (2014): 427-445.

Green, J. T. "Near-Death Experiences, Shamanism, and the Scientific Method". **Journal of Near-Death Studies**, 16, nº 3 (1998): 205-222.

_____. "The Near-Death Experience as a Shamanic Initiation: A Case Study". **Journal of Near-Death Studies**, 19, nº 4 (2001): 209-225.

Greyson, B., E. W. Kelly e E. F. Kelly. "Explanatory Models for Near-Death Experiences". **The Handbook of Near-Death Experiences: Thirty Years of Investigation**, organizado por J. M. Holden, B. Greyson e D. James, 226. Santa Barbara, CA: Praeger/ ABC-CLIO, 2009.

Greyson, B. "Incidence and Correlates of Near-Death Experiences in a Cardiac Care Unit". **General Hospital Psychiatry**, 25 (2003): 269-276.

_____. "The Near-Death Experience Scale: Construction, Reliability and Validity". **Journal of Nervous and Mental Disease**, 171 (2003): 369-375.

_____. "Seeing Deceased Persons Not Known to Have Died: 'Peak in Darien' Experiences". **Anthropology & Humanism**, 35 (2010): 159-171.

Griffiths, R. R. et al. "Psilocybin Can Occasion Mystical-Type Experiences Having Substantial and Sustained Personal Meaning and Spiritual Significance". **Psychopharmacology**, 187 (2006): 268-283.

Gröblacher, S. et al. "An Experimental Test of Non-Local Realism". **Nature**, 446 (2007): 871-875.

Guerra-Doce, E. et al. "Direct Evidence of the Use of Multiple Drugs in Bronze Age Menorca (Western Mediterranean) from Human Hair Analysis". **Nature**, 13, nº 4782 (2023).

Heflick, N. A. et al. "Death Awareness and Body-Self Dualism: A Why and How of Afterlife Belief". **European Journal of Social Psychology**, 45, nº 2 (2015): 267-275.

Holden, J. M., J. Long e B. J. MacLurg. "Characteristics of Western Near-Death Experiencers". **The Handbook of Near-Death Experiences: Thirty Years of Investigation**, organizado por J. Holden, B. Greyson e D. James, 109-134. Santa Barbara, CA: ABC-CLIO, 2009.

Holden, J. M. "Veridical Perception in Near-Death Experiences". **The Handbook of Near-Death Experiences: Thirty Years of Investigation**, organizado por J. Holden, B. Greyson e D. James, 185-211. Santa Barbara, CA: ABC-CLIO, 2009.

John, E. et al. "Invariant Reversible QEEG Effects of Anesthetics". **Consciousness & Cognition**, 10 (2001): 165-183.

Judson, I. R. e E. Wiltshaw. "A Near-Death Experience". **Lancet**, 2, nº 8349 (1983): 561-562.

Kellehear, A. "Census of Non-Western Near-Death Experiences to 2005: Observations and Critical Reflections". **The Handbook of Near-Death Experiences: Thirty Years of Investigation**, organizado por J. Holden, B. Greyson e D. James, 135-158. Santa Barbara, CA: ABC-CLIO, 2009.

_____. **Visitors at the End of Life: Finding Meaning and Purpose in Near-Death Phenomena**. Nova York: Columbia University Press, 2019.

Kelly, E. F. et al. **Irreducible Mind: Toward a Psychology for the 21st Century**. Lanham, MD: Rowman & Littlefield, 2009.

Kelly, E. W., B. Greyson e I. Stevenson. "Can Experiences Near Death Furnish Evidence of Life After Death?". **Omega**, 40, nº 4 (1999- -2000): 513-519.

Kelly, E. W. "Near-Death Experiences with Reports of Meeting Deceased People". **Death Studies**, 25 (2001): 229-249.

Kim, Y.-H. et al. "A Delayed 'Choice' Quantum Eraser". **Physical Review Letters**, 84 (2000): 1-5.

Koch, C. **The Quest for Consciousness: A Neurobiological Approach**. Englewood, CO: Roberts & Company, 2004.

Lake, James. "The Near-Death Experience (NDE) as an Inherited Predisposition: Possible Genetic, Epigenetic, Neural and Symbolic Mechanisms". **Medical Hypotheses**, 126 (2019): 135-148.

Lapkiewicz, R. et al. "Experimental Non-Classicality of an Indivisible Quantum System". **Nature**, 474 (2011): 490-493.

Leggett, A. N. "Nonlocal Hidden-Variable Theories and Quantum Mechanics: An Incompatibility Theorem". **Foundations of Physics**, 33, nº 10 (2003): 1469-1493.

Liester, M. B. "Near-Death Experiences and Ayahuasca-Induced Experiences-Two Unique Pathways to a Phenomenologically Similar State of Consciousness". **Journal of Transpersonal Psychology**, 45, nº 1 (2013): 24-48.

Linde, A. **Universe, Life, Consciousness**. Artigo apresentado no Grupo de Física e Cosmologia do programa Ciência e Busca Espiritual do Centro de Teologia e Ciências Naturais (CTNS), Berkeley, Califórnia (1998), acessado em 14 de junho de 2016, disponível em: <https:web.stanford.edu/~alinde/SpirQuest.doc>.

Long, J., com P. Perry. **Evidence of the Afterlife: The Science of Near-Death Experiences**. Nova York: HarperCollins, 2010.

Lynch, J. R. e C. Kilmartin. **Overcoming Masculine Depression: The Pain Behind the Mask**. Nova York: Routledge, 2013.

Martial, C. et al. "Neurochemical Models of Near-Death Experiences: A Large-Scale Study Based on the Semantic Similarity of Written Reports". **Consciousness and Cognition**, 69 (2019): 52-69.

Merali, Z. "Quantum 'Spookiness' Passes Toughest Test Yet". **Nature**, 27 de agosto de 2015, acessado em 30 de agosto de 2015, disponível em <http://www.nature.com/news/quantum-spookiness-passes-toughest-yet-1.18255>.

Mobbs, D. e C. Watt. "There Is Nothing Paranormal About Near-Death Experiences: How Neuroscience Can Explain Seeing Bright Lights, Meeting the Dead, or Being Convinced You Are One of Them". **Trends in Cognitive Sciences**, 15, nº 10 (2011): 447-449.

Moody, R. A. **Life After Life**. Covington, GA: Mockingbird Books, 1975.

Moorjani, A. **Dying to Be Me: My Journey from Cancer, to Near Death, to True Healing**. Carlsbad, CA: Hay House, 2012.

Morse, M. L., D. Venicia e J. Milstein. "Near-Death Experiences: A Neurophysiologic Explanatory Model". **Journal of Near-Death Studies**, 8, nº 1 (1989): 45-53.

Nahm, M. e J. Nicolay. "Essential Features of Eight Published Muslim Near-Death Experiences: An Addendum to Joel Ibrahim Kreps's 'The Search for Muslim Near-Death Experiences'". **Journal of Near-Death Studies**, 29, nº 1 (2010): 255-263.

Osis, K., e E. Haraldsson. **At the Hour of Death**. 3ª ed. Nova York: Avon, 1977.

Palhano-Fontes, F., et al. "The Psychedelic State Induced by Ayahuasca Modulates the Activity and Connectivity of the Default Mode Network". **PLoS ONE**, 10, nº 2 (2015).

Parnia, S. e P. Fenwick. "Near Death Experiences in Cardiac Arrest: Visions of a Dying Brain or Visions of a New Science of Consciousness". **Resuscitation**, 52, nº 1 (2002): 5-11.

Parnia, S., D. G. Waller, R. Yeates e P. Fenwick. "A Qualitative and Quantitative Study of the Incidence, Features and Aetiology of Near Death Experiences in Cardiac Arrest Survivors". **Resuscitation**, 48, nº 2 (2001): 149-156.

Peinkhofer, C., J. P. Dreier e D. Kondziella. "Semiology and Mechanisms of Near-Death Experiences". **Current Neurology and Neuroscience Reports**, 19 (2019): 1-12.

Peinkhofer, C. et al. "The Evolutionary Origin of Near-Death Experiences: A Systematic Investigation". **Brain Communications**, 3, nº 3 (2021): fcab132.

Ring, K. e S. Cooper. **Mindsight: Near-Death and Out-of-Body Experiences in the Blind**. Palo Alto, CA: William James Center for Consciousness Studies, Institute of Transpersonal Psychology, 1999.

Ring, K. e E. E. Valarino. "Introduction". **Lessons from the Light: What We Can Learn from the Near-Death Experience**, 1-10. Needham, NH: Moment Point Press, 2006.

_____. "Living in the Light: Afterward". **Lessons from the Light: What We Can Learn from the Near-Death Experience**, 123--144. Needham, NH: Moment Point Press, 2006.

Robinson, H. "Dualism". **The Stanford Encyclopedia of Philosophy**, organizado por E. N. Zalta. Outono de 2016, acessado em 17 de junho de 2016, disponível em <https://plato.stanford.edu/archives/spr2016/entries/dualism>.

Saavedra-Aguilar, J. C., e J. S. Gómez-Jeria. "A Neurobiological Model for Near-Death Experiences". **Journal of Near-Death Studies**, 7, nº 4 (1989): 205-222.

Sabom, M. **Recollections of Death: A Medical Investigation**. Nova York: Simon & Schuster, 1982.

Sartori, P. **The Near-Death Experiences of Hospitalized Intensive Care. Patients: A Five-Year Clinical Study**. Lewiston, NY: Edwin Melen Press, 2008.

Schlumpf, Y. R. et al. "Dissociative Part-Dependent Resting-State Activity in Dissociative Identity Disorder: A Controlled fMRI Perfusion Study". **PLoS ONE**, 9, nº 6 (2014).

Schwaninger, J., P. R. Eisenberg, K. B. Schechtman e A. N. Weiss. "A Prospective Analysis of Near-Death Experiences in Cardiac Arrest Patients". **Journal of Near-Death Studies**, 20 (2002): 215-232.

Stoljar, D. Physicalism. **The Stanford Encyclopedia of Philosophy**, organizado por E. N. Zalta. Outono de 2016, acessado em 14 de junho de 2016, disponível em: <https://plato.stanford.edu/archives/spr2016/entries/physicalism/>.

Strasburger, H. e B. Waldvogel. "Sight and Blindness in the Same Person: Gating in the Visual System". **PsyCh Journal**, 4, nº 4 (2015): 178-185.

Strassman, R. **DMT: The Spirit Molecule**. Rochester, VT: Park Street Press, 2001.

Strassman, R. et al. **Inner Paths to Outer Space**. Rochester, VT: Park Street Press, 2008.

Sutherland, C. "Trailing Clouds of Glory: The Near-Death Experiences of Western Children and Teens". **The Handbook of Near-Death Experiences: Thirty Years of Investigation**, organizado por J. Holden, B. Greyson e D. James, 93. Santa Barbara, CA: ABC-CLIO, 2009.

Timmermann, C. et al. "DMT Models the Near-Death Experience". **Frontiers in Psychology**, 9 (2018): artigo 1424.

van Lommel, P. R. van Wees, V. Meyers e I. Elfferich. "Near-Death Experience in Survivors of Cardiac Arrest: A Prospective Study in the Netherlands". **Lancet**, 358 (2001): 2039-2045.

Vicente, P. et al. "Enhanced Interplay of Neuronal Coherence and Coupling in the Dying Human Brain". **Frontiers in Aging Neuroscience**, 14, nº 8. 22 de fevereiro de 2022, disponível em: <https://doi.org/10.3389/fnagi.2022.813531>.

"What Near-Death Experiences Reveal about the Brain". **Scientific American**, 1º de junho de 2020.

Whinnery, J. E. "Psychophysiologic Correlates of Unconsciousness and Near-Death Experiences". **Journal of Near-Death Studies**, 15, nº 4 (1997): 231-258.

White, N. S. e M. T. Alkire. "Impaired Thalamocortical Connectivity in Humans During General-Anesthetic-Induced Unconsciousness". **NeuroImage**, 19 (2003): 402-411.

Zingrone, N. L. e C. S. Alvarado. "Pleasurable Western Adult Near-Death Experiences: Features, Circumstances, and Incidence". **The Handbook of Near-Death Experiences: Thirty Years of Investigation**, organizado por J. Holden, B. Greyson e D. James, 17-40. Santa Barbara, CA: ABC-CLIO, 2009.

FÍSICA SUBATÔMICA, COSMOLOGIA E CONSCIÊNCIA

Ananthaswamy, A. "Quantum Magic Trick Shows Reality Is What You Make It". **New Scientist**, 22 de junho de 2011, disponível em: <https://www.new scientist.com/article/dn20600-quantum-magic-trick-shows-reality-is-what-you-make-it/>.

Bell, J. "On the Einstein Podolsky Rosen Paradox". **Physics**, 1, nº 3 (1964): 195-200.

Cartwright, J. "Quantum Physics Says Goodbye to Reality". **Physics World**, 20 de abril de 2007, disponível em: <http://physicsworld.com/a/quan tum-physics-says-goodbye-to-reality.

Chalmers, D. "Consciousness and Its Place in Nature". **The Blackwell Guide to the Philosophy of Mind**, organizado por S. Stich e F. Warfield. Malden, MA: Blackwell Publishing, 2003.

Goff, Philip. "Our Improbable Existence Is No Evidence for a Multiverse". **Scientific American**, 10 de janeiro de 2021.

Hensen, B., et al. "Experimental Loophole-Free Violation of Bell's Inequality Using Entangled Electron Spins Separated by 1.3 km". **Nature**, 526 (2015): 682-686.

Kastrup, B. **A Simple Ontology That Solves the Mind-Body Problem** (a ser publicado).

Lanza, R. "The Impossibility of Being Dead". **Psychology Today**, 11 de novembro de 2020.

Lewis, G. F. e L. A. Barnes. "A Conversation on Fine Tuning". **A Fortunate Universe: Life in a Finely Tuned Cosmos**, 1-32. Cambridge: Cambridge University Press, 2016.

Ma, X-S. et al. "Quantum Erasure with Causally Disconnected Choice". **Proceedings of the National Academy of Sciences**, 110, nº 4 (2013): 1221-1226.

Manning, A. G. et al. "Wheeler's Delayed-Choice Gedanken Experiment with a Single Atom". **Nature Physics**, 11 (2015), disponível em: <https://doi.org/10.1038/nphys3343>.

Merali, Z. "Quantum 'Spookiness' Passes Toughest Test Yet". **Nature**, 525 (setembro de 2015): 14-15.

"Paulson, S. Roger Penrose on Why Consciousness Does Not Compute". **Nautilus**, 27 de abril de 2017.

Romero, J. et al. "Violation of Leggett Inequalities in Orbital Angular Momentum Subspaces". **New Journal of Physics**, 12 (dezembro de 2010), acessado em 14 de junho de 2016, disponível em: <http://iopscience.iop.org/article/10.1088/1367-2630/12/12/123007>.

Rosenblum, B. e F. Kuttner. "Consciousness and Quantum Mechanics: The Connection and Analogies". **Journal of Mind and Behavior**, 20, nº 3 (verão de 1999): 229-256.

Strawson, G. **Consciousness and Its Place in Nature**. Exeter, Reino Unido: Imprint Academic, 2006.

Vieira, R. "Can the Multiverse Give You and Afterlife?". **Philosophy Now**, 119 (2017): 24-25.

Yoon-Ho Kim, R. et al. "A Delayed 'Choice' Quantum Eraser". **Physical Review Letter**, 84, nº 1 (3 de janeiro de 2000).

Impressão e Acabamento:
GRÁFICA GRAFILAR.